Englisch lernen mit portablen elektronischen Wörterbüchern

KOLLOQUIUM FREMDSPRACHENUNTERRICHT

Herausgegeben von Daniela Caspari,
Lars Schmelter, Karin Vogt und Nicola Würffel

BAND 57

*Zu Qualitätssicherung und Peer Review
der vorliegenden Publikation:*

Die Qualität der in dieser Reihe
erscheinenden Arbeiten wird
vor der Publikation durch
alle vier Herausgeber der Reihe geprüft.

*Notes on the quality assurance
and peer review of this publication:*

Prior to publication,
the quality of the work
published in this series is reviewed
by all four editors of the series.

Bärbel Diehr / Ralf Gießler / Jan Philipp Kassel

Englisch lernen mit portablen elektronischen Wörterbüchern

Ergebnisse der Studie Mobile Dictionaries

PETER LANG
EDITION

Bibliografische Information der Deutschen Nationalbibliothek
Die Deutsche Nationalbibliothek verzeichnet diese Publikation
in der Deutschen Nationalbibliografie; detaillierte bibliografische
Daten sind im Internet über http://dnb.d-nb.de abrufbar.

Umschlaglogo:
Christoph Baum

ISSN 1437-7829
ISBN 978-3-631-67704-9 (Print)
E-ISBN 978-3-653-07204-4 (E-PDF)
E-ISBN 978-3-631-70877-4 (EPUB)
E-ISBN 978-3-631-70878-1 (MOBI)
DOI 10.3726/b10397

© Peter Lang GmbH
Internationaler Verlag der Wissenschaften
Frankfurt am Main 2016
Alle Rechte vorbehalten.
Peter Lang Edition ist ein Imprint der Peter Lang GmbH.

Peter Lang – Frankfurt am Main · Bern · Bruxelles ·
New York · Oxford · Warszawa · Wien

Diese Publikation wurde begutachtet.

www.peterlang.com

Inhaltsverzeichnis

Abbildungsverzeichnis

Tabellenverzeichnis

Vorwort

Als vor gut 15 Jahren die ersten portablen elektronischen Wörterbücher (im Folgenden PEW) auf dem deutschen Lehrmittel-Markt auftauchten, gab es in zahlreichen asiatischen Ländern bereits viele Nutzer unter den Fremdsprachenlernenden. In Deutschland sind PEW zunächst weder in Schulen noch in Universitäten in nennenswertem Maße zum Einsatz gekommen. Inzwischen haben fünf Bundesländer (Bremen, Niedersachsen, Sachsen, Schleswig-Holstein und Thüringen) PEW als Nachschlagewerke für zentrale Prüfungen zugelassen. Dennoch überwiegt bei vielen Lehrerinnen und Lehrern noch Skepsis. Werden Schülerinnen und Schüler durch ein PEW nicht dazu verleitet, unnötig viele unbekannte Vokabeln nachzuschlagen? Werden die Strategien des Inferierens, also des Erschließens aus dem Kontext, und die Kunst des Umschreibens mit eigenen Worten nicht vernachlässigt? Werden Fremdsprachenlerner nicht regelrecht zur Lernfaulheit verleitet, wenn Vokabelgleichungen auf Kopfdruck zur Verfügung stehen? In jüngster Zeit erweitert sich dieser Fragehorizont durch die tiefgreifenden Veränderungen, die aus der Weiterentwicklung digitaler Lexika und Wörterbücher resultieren. Gerade junge Lehrerinnen und Lehrer, die gerne Tablets und Smartphones im Unterricht einsetzen möchten, fragen sich, ob PEW überhaupt noch zeitgemäß sind und ob es nicht sinnvoller sei, Lernende an die Benutzung von Online-Wörterbüchern heranzuführen.

Auf all die genannten Fragen und Bedenken gibt es bisher kaum evidenzbasierte Antworten. In zahlreichen Studien aus dem asiatischen Raum zeichnen sich zwar Vorteile der PEW-Nutzung für das Fremdsprachenlernen ab. Allerdings bestehen die Stichproben fast immer aus erwachsenen Fremdsprachenlernern im universitären Kontext. In Deutschland ist erst eine Studie zum PEW-Einsatz bekannt, die mit Schülerinnen und Schülern durchgeführt wurde.

An der Bergischen Universität Wuppertal reifte 2009 in der Fachdidaktik Englisch im Fach Anglistik/Amerikanistik die Idee zu einer Langzeitstudie, die den Einsatz und Effekt von PEW untersucht. Sie wurde aufgrund der Handlichkeit der elektronischen Wörterbücher die MobiDic-Studie (*mobile dictionaries*) genannt. Andere elektronische Wörterbücher wie Smartphone-Apps, elektronische Wörterbücher auf einem PC oder Internet-Wörterbücher wurden hingegen nicht untersucht. Diese Entscheidung gegen internetfähige Wörterbücher wurde getroffen, nachdem es sich abzeichnete, dass die Schulen diese Art von Hilfsmitteln skeptisch sahen, insbesondere weil sie zu Prüfungen und Klassenarbeiten nicht zugelassen waren. Mit dem MobiDic-Projekt sollte das PEW an

Wuppertaler Schulen gebracht werden, um den schulischen Einsatz zu erproben und die Wirkung auf das Englischlernen zu überprüfen. Dazu wurde gezielt an Wuppertaler Haupt- und Gesamtschulen um Mitwirkung in dem Projekt geworben. Das PEW sollte den eher leistungsschwachen Schülerinnen und Schülern angeboten werden, deren Förderbedarf in mehreren Untersuchungen offenkundig geworden war.

Ohne die Ergebnisse der Studie vorwegzunehmen, möchten wir die Befunde an dieser Stelle als ermutigend bezeichnen. Im Vergleich zum herkömmlichen Papierwörterbuch hat sich das PEW als Hilfsmittel für jugendliche Englischlernende bewährt und kann für den schulischen Einsatz empfohlen werden. Nachdem dieses Resümee bereits in einem vorläufigen Forschungsbericht anlässlich des MobiDic-Symposiums im November 2013 an der Bergischen Universität Wuppertal präsentiert worden ist, sollen die Erkenntnisse unserer Studie nun einem breiten Leserkreis zugänglich gemacht werden.

Dass wir mit der MobiDic-Studie belastbare Daten und praxisrelevante Ergebnisse vorlegen können, verdanken wir vor allem der großzügigen Förderung durch die Dr. Werner Jackstädt Stiftung. Mit ihrer Hilfe konnten wir, unabhängig von PEW-Herstellern, vier Klassen mit PEW ausstatten. Wir sind der Stiftung, aber auch der Fakultät für Geistes- und Kulturwissenschaften der Bergischen Universität, den PEW-Herstellern Casio und Sharp sowie der Sparkasse Wuppertal für ihre freundliche Unterstützung zu Dank verpflichtet. Am Gelingen der MobiDic-Studie sind viele Menschen beteiligt, die ihre Zeit, ihre Erfahrungen und ihre Gedanken haben einfließen lassen. Für die Mitarbeit im Forschungsteam bedanken wir uns herzlich bei Mounir Bijjou, Sandra Foit, Christina Gieseler, René Menk und Miriam Schenker. Claudia Peter danken wir herzlich für die Unterstützung bei der Manuskripterstellung.

Den beteiligten Schülerinnen und Schülern der Else Lasker-Schüler Gesamtschule, der Hauptschule Elberfeld-Mitte und der Städtischen Katholischen Hauptschule Sankt Laurentius, den Schulleitungen und den Stundenplanern gebührt ebenfalls herzlicher Dank. Namentlich sollen in großer Dankbarkeit die Lehrerinnen und Lehrer genannt sein, die sich auf die Zusammenarbeit mit uns eingelassen haben und ohne die MobiDic nicht möglich gewesen wäre: Ralf Bachmeier, Petra Moll, Hans-Werner Otto und Ricarda Sims.

Wuppertal, im August 2016   Bärbel Diehr, Ralf Gießler und Jan Kassel

1 Einleitung: Die Entstehung der fachdidaktischen Studie MobiDic zu portablen elektronischen Wörterbüchern im Englischunterricht

Die übergreifende Forschungsfrage der *Mobile Dictionaries*-Studie (MobiDic-Studie) lautet: Wie wirkt sich die Verfügbarkeit eines PEWs im Englischunterricht der Klassen 9 bis 10 auf die fremdsprachliche Leistung, die Methodenkompetenz und die Einstellung der Schülerinnen und Schüler sowie die Haltung der Lehrerinnen und Lehrer aus? Es handelt sich um eine genuin fachdidaktische Studie, die wissenschaftliche Ziele der Erkenntnisgewinnung in einer empirischen Untersuchung verfolgt und gleichzeitig darauf ausgerichtet ist, das Englischlernen im Schulalltag zu erleichtern und zu verbessern. Die beiden wichtigsten Impulse erhält die Studie aus Ergebnissen vielbeachteter Leistungsstudien aus der Bildungsforschung (vgl. z.B. Klieme et al. 2006) und aus den Neuerungen der Lexikographie, speziell den digitalen Lehr- und Lernmitteln und unter ihnen wiederum den retro-digitalen Wörterbüchern, auch PEW (portable elektronische Wörterbücher) oder *handheld dictionaries* genannt.

Kompetenzen in der weltweit bedeutenden Fremdsprache Englisch sind für schulischen und beruflichen Erfolg unverzichtbar geworden. Da Englisch in der überwiegenden Mehrzahl aller Schulen als erste Fremdsprache unterrichtet wird, nimmt diese Sprache im deutschen Bildungssystem eine zentrale Rolle ein. Bis zum Mittleren Schulabschluss sollen Schülerinnen und Schüler das Niveau B1 des Gemeinsamen europäischen Referenzrahmens erreichen (KMK 2004, Europarat 2001). Das heißt z.B., dass sie „über einen ausreichend großen Wortschatz [verfügen sollen], um sich mit Hilfe von einigen Umschreibungen über die meisten Themen des eigenen Alltagslebens äußern zu können wie beispielsweise Familie, Hobbys, Interessen, Arbeit, Reisen, aktuelle Ereignisse" (KMK 2004: 79). Lernende am Gymnasium erreichen dieses Niveau in aller Regel vor Eintritt in die Oberstufe. Anders sieht es in den Grundkursen an Haupt- und Gesamtschulen aus. Bildungsforscher haben aus der Analyse der Daten der PISA-Studie den Schluss gezogen, dass sich durch die Zusammensetzung der Schülerschaft an Hauptschulen „negative Kompositionseffekte" (Baumert et al. 2006: 101) ergeben, die außerordentlich schädliche Auswirkungen auf die Leistungsentwicklung von Jugendlichen haben. „Der internationale Vergleich zeigt, dass in Deutschland insbesondere Schülerinnen und Schüler im unteren Leistungsbereich kaum mehr eine förderliche Entwicklungsumgebung vorfinden, die in anderen Ländern offensichtlich gegeben ist" (Baumert et al. 2001: 239).

Im Fach Englisch erreichen Schülerinnen und Schüler der Grundkurse an Haupt- und Gesamtschulen in der überwiegenden Mehrheit die curricular vorgegebenen Standards für eine fachliche Grundbildung im Fach Englisch nicht. Die DESI-Studie zeigt, dass die Leistungsunterschiede im Fach Englisch zwischen den Schulformen deutlich größer sind als in den Fächern Mathematik und Deutsch (Klieme et al. 2006: 54). Mit leicht unterschiedlichen Tendenzen sind alle Kompetenzbereiche des Faches Englisch betroffen. Die Vergleichsarbeit VERA 8 in 2009 ergab, dass „der Anteil der Schülerinnen und Schüler, deren Lesekompetenz gezielt gefördert werden muss, vor allem in den Grundkursen der Gesamtschulen und der Hauptschulen hoch" (MSW 2009: 5) ist. Im Ergebnisbericht des nordrhein-westfälischen Schulministeriums zu den Lernstandserhebungen 2008 heißt es: „In den Grundkursen der Haupt- und Gesamtschulen ist demnach der Anteil der Schülerinnen und Schüler, die eine gezielte Förderung ihrer Schreibkompetenzen benötigen, besonders hoch" (MSW 2008: 6). Die sprachlichen Defizite insbesondere im Bereich Wortschatz erschweren das Erreichen höherwertiger Verstehensleistungen (Schlussfolgern, Auswerten von mehreren Textstellen) erheblich und machen es bei einem großen Teil der Schülerinnen und Schüler in den Grundkursen unmöglich. Gießler (2011: 73) weist im Hinblick auf Ergebnisse zum Wortschatz in den Lernstandserhebungen 2009 und 2011 auf eine Zuspitzung der Situation hin. Gerade bei den leistungsschwächeren Englischlernenden besteht ein dringender Bedarf an einem exzellenten, auch medial vermittelten Sprachangebot mit effektiver Anleitung zum selbstständigen Fremdsprachenlernen.

Gemäß seiner fachdidaktischen Ausrichtung versucht das MobiDic-Projekt, die Lehr-Lernsituation der genannten Lernergruppe zu verbessern und einen Beitrag zur Verbesserung von schulischen Leistungen im Fach Englisch durch die Bereitstellung von PEW zu leisten (Diehr 2012a: 363). Es macht sich die Aufgeschlossenheit von Jugendlichen für mediale Innovationen zu Nutze und untersucht die Möglichkeit, mit dem systematischen Einsatz von PEW die Fremdsprachenkompetenz zu verbessern. Aus Studien zum Mediengebrauch ist bekannt, dass 82% der Jugendlichen in Deutschland regelmäßig Informationen zu einem Suchbegriff mit einer Suchmaschine im Internet aufrufen und dass 42% der Jugendlichen in ihrer Freizeit Nachschlagewerke wie Wikipedia benutzen (MPFS 2015: 33). Da 92% der Jugendlichen ein Mobiltelefon mit Internetzugang besitzen (ebd. 46), wird ein Teil dieser Suchanfragen wahrscheinlich unterwegs und nicht am heimischen Computer ausgeführt. Eine

PEW-bezogene Untersuchung von Kassel (2010) zeigt jedoch, dass Englisch-lernende in der Mittelstufe das Potenzial von elektronischen Wörterbüchern trotz der Erfahrung im Umgang mit Medien nicht ausschöpfen. Des Weiteren wurde bei ersten Befragungen von leistungsschwachen Lernern im Vorfeld der MobiDic-Studie offenkundig, dass zweisprachige Online-Wörterbücher und vor allem Übersetzungsdienste, wie z.b. *Google-Translator*, ohne Bewusstsein für die vorgefundene lexikographische Qualität und mit naivem Äquivalenz-optimismus genutzt werden. Damit digitale Lehr- und Lernmittel überhaupt eine lernförderliche Wirkung im Hinblick auf die Entwicklung rezeptiver oder produktiver Kompetenzen entfalten können, bedarf es auf Seiten der Nutzer eines Mindestmaßes an Wörterbuchbenutzungskompetenz, die auch kurz als Wörterbuchkompetenz bezeichnet wird. Die Entwicklung dieser Kompetenz im Umgang mit PEW steht ebenfalls im Fokus der MobiDic-Studie. Hinsicht-lich der Fertigkeiten wurden die Schwerpunkte auf das Lesen und Schreiben gelegt. Forschung zum Einsatz von PEW beim Hören und Sprechen ist zwar möglich, allerdings fällt Wörterbuchbedarf hier geringer aus als bei den schrift-gebundenen Fertigkeiten.

Mit vorsichtigem Optimismus lassen sich die Merkmale des PEWs als Anzei-chen für sein didaktisches Potenzial beurteilen. Die auf dem deutschen Markt verfügbaren Geräte der führenden Hersteller haben im Laufe der letzten zehn Jahre deutliche Weiterentwicklungen durchlaufen und sind inzwischen mit zahl-reichen Sonderfunktionen und einer Vielzahl von aufgespielten Wörterbüchern und Nachschlagewerken ausgestattet. Hervorzuheben sind die handliche Größe und das geringe Gewicht (*portability*), die Möglichkeit auf kleinstem Raum auf mehrere bilinguale und monolinguale Wörterbücher verschiedener Sprachen zu-greifen zu können, die Navigation mithilfe der Tastatur, der Komfort des schnel-len Suchvorgangs, der durch die sich selbst vervollständigende Lemmaeingabe (inkrementelle Suche) gefördert wird, die Nutzung von Platzhaltersymbolen, um Unsicherheit in der Rechtschreibung zu begegnen, die Kurzfassungen von Ge-samteinträgen (*Quick View*) und die Sprungfunktion, die ein rasches, konseku-tives Durchsuchen verschiedener Wörterbücher erleichtert (Diehr 2012a: 356f, Kassel / Gießler 2012).

Die Hoffnung, dass PEW einen positiven Effekt auf die Entwicklung der all-gemeinen Sprachfähigkeit haben, stützt sich auf Studien der letzten 20 Jahre (vgl. Kapitel 4). Einzelne Studien kommen zu dem Schluss, dass durch elek-tronische Wörterbücher das Bewusstsein für Vokabellernstrategien erhöht wer-den kann (Loucky 2006), indem Lernende selbstständig Wortschatzkenntnisse überprüfen, Wortschatz systematisch umwälzen und für die Produktion abrufen.

Unklar bzw. nicht erforscht ist, ob sich bei der Nutzung von PEW im Schulalltag solche positiven Effekte auf die Sprach- und Methodenkompetenz von vor allem leistungsschwachen Lernenden einstellen.

Diese Forschungslücke zur Nutzung von PEW im Schulalltag überrascht angesichts der fortschreitenden Digitalisierung aller Lebensbereiche. Warum lässt die empirische Untersuchung des Gebrauchs und des Nutzens dieser Wörterbücher weiter auf sich warten, obwohl die Bildungsstandards für die gymnasiale Oberstufe (KMK 2012: 25) in jüngerer Zeit den kompetenten Umgang mit elektronischen Wörterbüchern einfordern?

Mögliche Gründe für fehlende empirische Untersuchungen können im geringen Verbreitungsgrad hierzulande vermutet werden, während die Besitzraten für PEW unter asiatischen Studierenden als sehr hoch gelten. So stellen sowohl Bower und McMillan (2007) bei 1076 Studierenden in Japan als auch Ronald und Ozawa (2008) bei 124 japanischen Studierenden eine Besitzrate von 96% fest. Kobayashi (2008) findet ebenfalls in Japan bei 279 Studierenden eine Besitzrate von 72%. Deng (2005) findet in einer Studie heraus, dass 70% der 80 untersuchten chinesischen Studierenden ein PEW besitzen. Geringer ist die von Boonmoh und Nesi (2008) ermittelte PEW-Besitzrate von 40% bei 1211 thailändischen Studierenden. In einer aktuelleren Studie (vgl. Chiu / Liu 2013) geben 94% der 33 untersuchten Schüler aus Taiwan an, ein Internet-Wörterbuch zu benutzen; 67% geben an, ein PEW zu nutzen. Darüber hinaus sind keine weiteren aktuellen Studien zur Besitzrate von PEW bekannt. Es kann daher derzeit nicht überprüft werden, ob Wörterbuch-Apps auf Smartphones und Tablets zunehmend auch in asiatischen Ländern PEW verdrängen. In Anbetracht der Besitzrate von internetfähigen Smartphones von 92% bei Jugendlichen in Deutschland (MPFS 2015: 46) ist davon auszugehen, dass Jugendliche privat vorwiegend Smartphones oder PCs nutzen, mit denen sie Zugang zu Online-Wörterbüchern haben, während sie im schulischen Raum, wenn überhaupt, Papierwörterbücher nutzen, die von den Schulträgern gestellt werden. Wissenschaftliche Belege für die Relevanz von PEW für schulisches Fremdsprachenlernen im deutschsprachigen Raum stehen damit weiter aus.

Weitere Gründe für das Fehlen empirischer Studien liegen auf der organisatorischen und technischen Ebene. Die Bereitschaft von Schulleitungen und Lehrerkollegien, an fachdidaktischer und unterrichtswissenschaftlicher Forschung zu PEW mitzuwirken, erscheint angesichts der im MobiDic-Projekt gemachten Erfahrungen gering ausgeprägt. Da PEW nur an einzelnen Schulen bekannt und an sehr wenigen Schulen im Einsatz sind, setzt eine Forschungsbeteiligung in den meisten Schulen die kostenintensive Anschaffung der Geräte voraus – eine Investition, für die den Schulträgern oft die entsprechenden Mittel fehlen. Auch ein „Druck von unten", ein neues Lernmittel im Alltag erproben zu wollen, ist wahrscheinlich durch die mangelnde Vertrautheit mit PEW auf Lehrerseite kaum zu spüren. Ein forschungsmethodologischer Grund für das Fehlen empirischer Studien liegt in den technischen Hürden begründet, die bei der Erfassung der Nachschlagevorgänge einzelner Nutzer genommen werden müssen. Im Unterschied zum Einsatz von Keyloggern, dem automatischen Speichern des Suchvorgangs bei Onlinekonsultationen, lässt sich der Nachschlageweg, also das Aufrufen bestimmter Einträge, der Umgang mit der Makro- und Mikrostruktur sowie das Abbrechen eines Suchvorgangs bei PEW bisher nicht dokumentieren, da die Geräte geschlossene Systeme sind. Die MobiDic-Studie hat die forschungsmethodologische Herausforderung durch ein aufwändiges Zwei-Kamera-Verfahren zu lösen versucht, welches eine größtmögliche Nähe zum Konsultationsvorgang am PEW erlaubt (vgl. Kapitel 5.3.3).

Zunächst stellt Kapitel 2 das PEW, seine Struktur und seine spezifischen Funktionsweisen vor und veranschaulicht damit seine Sonderstellung zwischen den gedruckten und den digitalen Hilfsmitteln. Während hier der Schwerpunkt auf der Beschreibung des Wörterbuchs liegt, wendet sich Kapitel 3 der Wörterbuchbenutzung zu und erläutert ein in der Lexikographie anerkanntes Konsultationsmodell, das in der MobiDic-Studie eine wichtige theoretische Grundlage für die Erforschung von Nutzungsprozessen liefert. Bereits abgeschlossene empirische Untersuchungen über die Nutzung von PEW und Erkenntnisse über den Nutzen dieses Hilfsmittels werden in Kapitel 4 dargestellt, das schwerpunktmäßig auf Forschungsergebnisse zum Lesen mit PEW, zur Retention von Wortschatz und zur affektiven Komponente der PEW-Nutzung eingeht. Vor dem damit skizzierten Hintergrund der Forschung führt Kapitel 5 in das Design der MobiDic-Studie ein und erläutert ihre Rahmenbedingungen, ihre besonderen Merkmale und Ziele als fachdidaktische Studie, ihren Ablauf sowie die Instrumente, die zum Zweck der Datenerhebung zum Einsatz kamen. Der ausführliche Bericht über die Forschungsergebnisse unserer Studie folgt in Kapitel 6, das neue Erkenntnisse zum Lesen mit PEW, zum Wortschatzerwerb bei der PEW-Nutzung, zum Nachschlageprozess sowie zur Wörterbuchbenutzungskompetenz – insbesondere bei Schreibaufgaben – und Einblicke in die MobiDic-Fragebogenuntersuchung präsentiert. Zudem wird am Ende dieses Kapitels über die Perspektive der Lehrerinnen und Lehrer berichtet, die in den forschungsbegleitenden Workshops und Teamtreffen zu ihren Erfahrungen befragt wurden. In Kapitel 7 werden die Ergebnisse der verschiedenen Teilerhebungen diskutiert und in Bezug auf ihre wissenschaftlichen und praktischen Implikationen reflektiert, bevor Kapitel 8 mit einem Ausblick auf zukünftige Entwicklungen schließt.

2 Das portable elektronische Wörterbuch (PEW) – Buch und elektronisches Gerät in einem

Eine aktuelle und vollständige Beschreibung aller charakteristischen Merkmale eines PEWs wird erschwert durch kurze Produktzyklen bei den verschiedenen Herstellern (z. B. Canon, Casio, Franklin oder Sharp) (für einen detaillierten Überblick über Charakteristika elektronischer Wörterbücher vgl. Jian et al. 2009: 503 f., Nesi / Boonmoh 2009, für eine Übersicht zu Funktion und Inhalt von PEW vgl. Kassel / Gießler 2012). Die nachfolgend skizzierten Merkmale beanspruchen daher primär Gültigkeit für die im Rahmen der MobiDic-Studie verwendeten Geräte.

Unter den digitalen Lehr- und Lernmitteln nimmt das PEW insofern eine Sonderstellung ein, als dass es Buch und Taschencomputer in sich vereint. Es weist zahlreiche Sonderfunktionen auf, die für digitale Nachschlagewerke typisch sind. Die *Quick View*-Funktion erleichtert die Navigation durch längere Wörterbucheinträge, weil Informationen auf dem Bildschirm komprimiert dargestellt werden. Die *My Words*-Funktion gibt Nutzern die Möglichkeit, eine individuelle Wortliste zu erstellen. Diese kann z. B. zum Erstellen eines Wortfeldes genutzt werden oder dem Einüben von Wortschatz dienen. Über die Verlaufsfunktion werden nachgeschlagene Wörter gespeichert. Die Sprungfunktion ermöglicht einen schnellen Wechsel zwischen verschiedenen Wörterbuchartikeln. Sie beschleunigt die Äquivalenzprobe von gefundenen Übersetzungen deutlich und kann helfen, Fehler wie z. B. *„I dignity not…"* für „Ich würde nicht…" zu vermeiden. Vor allem die Sprungfunktion wurde den teilnehmenden Schülerinnen und Schülern der MobiDic-Studie ausführlich vorgestellt und mit ihnen eingeübt.

Andererseits unterscheidet sich das PEW hinsichtlich seines lexikographischen Inhalts und seines geschlossenen Charakters nicht wesentlich vom Printwörterbuch (im Folgenden PW) und zählt daher zu den retro-digitalen Medien. In den späten 1970er Jahren tauchten die ersten PEW als Weiterentwicklung von Taschenrechnern auf (vgl. Nesi / Boonmoh 2009: 68). Seitdem bringen die verschiedenen Hersteller immer wieder neue, leistungsfähigere Geräte auf den Markt, die sich sowohl durch ihre technische Beschaffenheit als auch die lexikographische Qualität des Informationssystems unterscheiden. Handelte es sich bei den Prototypen noch um beschränkte Übersetzungsmaschinen, stehen heute

Multifunktionsgeräte, auch mit Touchscreen, zur Verfügung, die die Wörterbücher namhafter Verlage (z. B. Cambridge University Press, Duden, Langenscheidt, Oxford University Press) sowie andere Nachschlagewerke, Taschenrechner und Spiele oder vollständige Lektüren enthalten. Bis zu 30 Wörterbücher können in einem PEW enthalten sein, und manche Geräte verfügen über Möglichkeiten, Texte zu scannen, vollständige Texte vorzulesen und durch Spracherkennung bedient zu werden (vgl. ebd.).

Bei allen PEW handelt es sich im technischen Sinne um Taschencomputer, die mehrere Nachschlagewerke und große Datenmengen in portabler Form zur Verfügung stellen. Zu den in Deutschland weit verbreiteten Unterrichtssprachen (z. B. Deutsch, Englisch, Französisch, Latein, Spanisch) sind PEW sowohl in monolingualer Form als auch in verschiedenen bilingualen Kombinationen erhältlich. Aus fremdsprachendidaktischer Perspektive sind vor allem Weiterentwicklungen im Sinne einer Mehrsprachigkeitsdidaktik von Interesse, da für die verschiedenen Herkunftssprachen unterschiedlicher Lernergruppen trilinguale PEW (Deutsch-Englisch-Arabisch/Bulgarisch/Polnisch/Türkisch usw.) benötigt werden.

Derzeit sind PEW in der Regel im Batteriebetrieb benutzbar. Manche Geräte können zwar mit einem PC verbunden werden, um z. B. dessen Tastatur, Bildschirm und Sprachausgabe zu nutzen; sie lassen sich jedoch nicht mit dem Stromnetz verbinden und sind nicht internetfähig. Im Unterschied zu Online-Wörterbüchern ist der Datenbestand eines PEWs derzeit nicht aktualisierbar und nicht erweiterbar. Für die jeweils neueste Auflage eines Nachschlagewerks oder eine Erweiterung der vorhandenen Wörterbücher muss daher ein neues Gerät angeschafft werden. Möglicherweise spielen für diese Beschaffenheit des PEWs kommerzielle Gründe sowie Fragen der Lizenz eine bedeutendere Rolle als die technische Machbarkeit. Von Herstellern wird allerdings darauf verwiesen, dass gerade durch die fehlende Erweiterbarkeit die Nicht-Manipulierbarkeit sichergestellt ist und dass PEW somit für den Einsatz in zentralen Prüfungen geeignet sind.

Wenn die in einem PEW enthaltenen Wörterbücher den Druckausgaben von Printwörterbüchern entsprechen, wie es bei dem in der MobiDic-Studie eingesetzten PEW der Fall ist, lässt sich darüber streiten, ob dieses PEW damit noch zur Generation der PW gehört oder ob es sich konzeptionell um das Wörterbuch einer neuen Generation handelt. Auf der Ebene der Mikrostruktur, d. h. des Wörterbuchartikels, besteht zwischen dem Deutsch-Englisch PEW der MobiDic-Studie und dem entsprechenden Papierwörterbuch jedenfalls kein Unterschied, denn in lexikographischer Hinsicht enthalten die identisch aufgebauten Einträge dieselben Informationen. Auf der Ebene der Makrostruktur bestehen hingegen bedeutende Unterschiede, da die elektronische Form einen schnelleren und differenzierteren Zugriff als in Papierwörterbüchern sowie eine leichte Navigation, spezifische Suchverfahren und komfortable Nachschlagehandlungen ermöglicht. Sobald der erste Buchstabe eingegeben wird, erscheinen im zentralen Display oder in einer seitlichen Laufleiste potenzielle Kandidaten des Suchwortes nach dem Kohorten-Prinzip, d. h. mit jedem weiteren Buchstaben, den ein Nutzer eintippt, verringert sich die Zahl der möglichen Kandidaten, bis schließlich das tatsächlich gewünschte Suchwort angeklickt werden kann. Zum Beispiel erscheint bei der Suche nach dem Verb *fabricate* der Treffer bereits an neunter Stelle nach Eingabe des Buchstabens 'f'. Tippt die Nutzerin noch 'a' und 'b' ein, wandert *fabricate* auf die fünfte Stelle nach oben. Die Eingabe ist insofern fehlertolerant, als dass Nutzer, die sich der Rechtschreibung nicht sicher sind oder die sich verschrieben haben, das gesuchte Wort dennoch in der richtigen Schreibweise unter den angebotenen Kandidaten finden können. Die meisten PEW verfügen außerdem über die Suchoption mit Platzhaltersymbolen, wie z. B. mit einem Asterisk, so genannten *wild cards*, die signalisieren, dass man sich der Schreibweise nicht sicher ist. In mehreren PEW können zahlreiche Wörter in flektierter Form eingegeben werden, sodass die Nutzer z. B. zu *went* den Verweis auf *go* finden.

Im Vergleich zu PW gelangen Nutzer im PEW zwar schneller zu dem gesuchten Eintrag, der Sichtfeldausschnitt ist im PEW jedoch deutlich kleiner. Längere Einträge erfordern ein Herunterscrollen, um alle Informationen wahrnehmen zu können. Nutzer mit geringen Fremdsprachenkenntnissen und schwach entwickelten Methodenkompetenzen können dazu neigen, die im Display nicht sofort sichtbar werdenden Informationen zu übergehen und als unwichtig einzustufen, weil sie sich beispielsweise der verschiedenen Wortarten, der verschiedenen Bedeutungen polysemer Wörter und der verschiedenen Verwendungskontexte eines Wortes nicht bewusst sind. Auf dieses Problem haben einzelne Hersteller bereits mit der Möglichkeit einer sogenannten *Quick View* Taste reagiert, mit der Nutzer des bilingualen Wörterbuchs eine kompakte Kurzfassung eines längeren Eintrags abrufen können und auf einen Blick sehen, welche verschiedenen Übersetzungsmöglichkeiten in einem Stichworteintrag enthalten sind.

Die Sprungfunktion ist eine Besonderheit von PEW, über welche die meisten modernen Geräte verfügen. Sie erleichtert den Wechsel zwischen Wörterbüchern und beschleunigt so das konsekutive Konsultieren verschiedener Wörterbücher. Jedes Wort in einem gefundenen Eintrag lässt sich markieren und dann in jedem anderen Wörterbuch, welches im jeweiligen PEW verfügbar ist, aufrufen. Diese Funktion erleichtert die sogenannte Äquivalenzprobe, das Überprüfen von Übersetzungsvorschlägen, das zu den Grundtechniken des Gebrauchs bilingualer Wörterbücher zählt. In PEW mit Synonymwörterbüchern beschleunigt die Sprungfunktion zudem die Suche nach einem alternativen Ausdruck. Wenn der englische Treffer *destitute* für das deutsche Adjektiv 'notleidend' von der Nutzerin als zu formal eingeschätzt wird, findet sie über die Sprungfunktion im Synonymwörterbuch das informellere *in need*. Geräte mit Kollokationswörterbüchern erlauben über die Sprungfunktion das schnelle Aufrufen von idiomatischen Wendungen und Kollokationen. Die Verlaufsfunktion speichert bereits nachgeschlagene Wörter und verweist auf einzelne Wörter von Relevanz in individuellen Listen, welche zum bewussten Vokabeltraining genutzt werden können. Darüber hinaus können Nutzer individuell Listen mit Wörterbucheinträgen erstellen und diese als Lernlisten nutzen.

Die Aufstellung der hier genannten Merkmale von PEW erhebt selbstverständlich keinen Anspruch auf Vollständigkeit, sondern stellt eine Auswahl von Merkmalen dar, deren didaktisches Potenzial in der MobiDic-Studie als vielversprechend beurteilt wird. Der Nutzen der verschiedenen Funktionen ist jedoch abhängig von einer entsprechend ausgeprägten Methoden- und Wörterbuchbenutzungskompetenz. Diese Kompetenz muss von den Nutzern erworben werden und stellt sich nicht einfach durch den bloßen Besitz eines digitalen Hilfsmittels ein. Eine qualitative Pilotstudie ergab, dass die vermeintlich technisch versierten Jugendlichen viele Möglichkeiten ihres PEWs nicht kannten und entsprechend auch nicht nutzten (vgl. Kassel 2010). Dennoch war die Zufriedenheit an der beteiligten Casio-Pilotschule sowohl auf Schüler- wie auch auf Lehrerseite so hoch, dass die Englischlehrkräfte in den betreffenden Klassen eine Einführung in die Wörterbuchbenutzung gaben und allen Siebtklässlern die Anschaffung eines PEWs empfahlen.

3 Ein Konsultationsmodell der Wörterbuchbenutzung

Um den Vorgang der PEW-Benutzung einer systematischen Analyse zugänglich machen zu können, ist das Verständnis von erfolgreichen Konsultationshandlungen und der zugrunde liegenden Wörterbuchbenutzungskompetenz zu klären. Gängige Definitionen des Kompetenzbegriffs (wie z. B. Weinert 2001: 62) enthalten ein differenziertes Ressourcenmodell der Kompetenzbeschreibung und beziehen auch emotionale und volitionale Faktoren ein. Das Kompetenzmodell von Weinert (2001) ist jedoch domänenunspezifisch und ignoriert, dass „Handlungen und Teilhandlungen grundsätzlich konkreten Situationen entspringen" (Oser et al. 2010a: 7). Oser et al. (2010b) schlagen daher den Begriff des Kompetenzprofils vor. Ein Kompetenzprofil meint ein „Bündel von Kompetenzen, das sich ganzheitlich auf eine abgrenzbare Situation bezieht, optimale Lösungen ermöglicht, ethisch gerechtfertigt ist und betreffs Qualität einen Messvergleich zulässt" (Oser et al. 2010b: 135). Dabei werden „verschiedene Einzelkompetenzen in den Dienst dieser abgrenzbaren Handlungseinheit gestellt", wobei „alle diese Einzelkomponenten durch die Situation ausgerichtet werden" (Oser et al. 2010a: 8).

Das Oser'sche Verständnis von Kompetenz, welches sowohl Teilhandlungen wie auch die Situationsspezifik des Handelns konzeptualisiert, lässt sich auf Modelle der Wörterbuchkonsultation und Wörterbuchbenutzung beziehen. Um ein Wörterbuch erfolgreich zu benutzen, sind Einzelkomponenten nötig und müssen vom Wörterbuchnutzer beherrscht werden. Im Folgenden werden drei Konsultationsmodelle hinsichtlich ihrer Nachvollziehbarkeit und Anwendbarkeit auf beobachtete Nachschlagehandlungen vorgestellt und geprüft (vgl. Kassel i. V.). Nesi (2003) listet insgesamt 40 *dictionary skills* – Teilhandlungen, über die kompetente Wörterbuchbenutzer verfügen sollten. Nesi (2003: 370–372) schlägt vor, die verschiedenen Fertigkeiten, die für die Wörterbuchbenutzung notwendig oder zumindest sinnvoll sind, in sechs verschiedene Stufen eines Prozesses des Wörterbuchgebrauchs einzuteilen: *before study, before dictionary consultation, locating entry information, interpreting entry information, recording entry information, understanding lexicographical issues*. Die erste und sechste Phase (vgl. Nesi 2003: 370f.) beschreiben allerdings im engeren Sinne keine Handlungen, sondern zielen auf verfügbares Wissen über Wörterbuchtypen auf Seiten des Wörterbuchbenutzers ab.

Campoy-Cubillo (2015: 133ff.) entwickelt auf der Grundlage der Modelle von Nesi (2003) und Lew (2013), ein Raster von systematischen Niveaustufenbeschreibungen von *dictionary skills* und präsentiert somit ein Modell von Wörterbuchbenutzungskompetenz. Sie nutzt hierfür die Kompetenzstufen A1-C2 des Gemeinsamen europäischen Referenzrahmens für Sprachen (GeR) (Europarat 2001) und bezieht diese Kompetenzstufen auf die Wörterbuchbenutzung. Demzufolge teilt sich Wörterbuchbenutzungskompetenz in sieben Dimensionen auf, die sich, mit Ausnahme von *record*, auch in Engelbergs und Lemnitzers Modell (2009) wiederfinden: *decide* (Beschließen ein Wörterbuch zu benutzen), *locate* (Lemma finden), *understand* (Angaben zum Lemma finden), *interpret* (Angaben zum Lemma finden), *evaluate* (Beurteilen des Konsultationserfolgs und verschiedener Wörterbücher), *record* (Suchergebnis aufschreiben), *implement* (Informationen kontextadäquat anwenden). Es bleibt jedoch unklar, ob Campoy-Cubillo unterschiedliche Stufen der Wörterbuchbenutzungskompetenz unabhängig von der Sprachkompetenz beschreiben will oder ob die abgestuften Kompetenzbeschreibungen für den Wörterbuchgebrauch in Relation zu den Sprachkompetenzniveaus des GeR gesetzt werden sollen. Campoy-Cubillo (vgl. 2015: 132) versteht ihre Kompetenzbeschreibung explizit als mögliche Arbeitsklassifikation von Deskriptoren und Kompetenzniveaus. Weiterhin müssten die Deskriptoren hinsichtlich des Wörterbuchmediums und des Wörterbuchtyps weiterentwickelt werden (vgl. ebd.).

In der vorliegenden Studie werden weder Campoy-Cubillos noch Nesis Vorschlag verwendet. Der vierzig verschiedene Teilfertigkeiten umfassende Katalog von *dictionary skills* bei Nesi ist durch seinen Umfang schwer zu handhaben. Außerdem beziehen sich die erste und sechste Phase nicht auf konkrete Konsultationshandlungen. Bei Campoy-Cubillo (2015) sind die Dimensionen wie *understand, interpret* oder *evaluate* nicht ganz trennscharf zu einander, was das Modell für die Beschreibung beobachteter Konsultationen wenig geeignet erscheinen lässt. Dennoch ist dies unseres Wissens der erste Versuch, abgestufte Niveaustufenbeschreibungen für den Wörterbuchgebrauch zu entwickeln. Aus beiden Modellen wird deutlich, dass Wörterbuchbenutzungskompetenz mehrschrittig ist und sich inkrementell entwickelt (vgl. Diehr 2012b: 5f.).

In der MobiDic-Studie wird das Konsultationsmodell von Engelberg und Lemnitzer (2009) herangezogen. Es ist weniger umfangreich und unterteilt den Konsultationsvorgang in sieben Phasen (vgl. Abb. 3-1). Es spiegelt zudem die Phasen zwei bis fünf aus Nesis Modell wider (vgl. Nesi 2003: 371). Alle Teilhandlungen der Wörterbuchbenutzung des Modells von Engelberg und Lemnitzer sind operationalisiert und lassen sich zur Beobachtung von

Nachschlagehandlungen nutzen. Im Folgenden werden Ablauf und Systematik von Konsultationshandlungen anhand des Modells von Engelberg und Lemnitzer (vgl. 2009: 96) dargestellt.

Abb. 3–1: Konsultationsmodell von Engelberg / Lemnitzer (2009: 96)

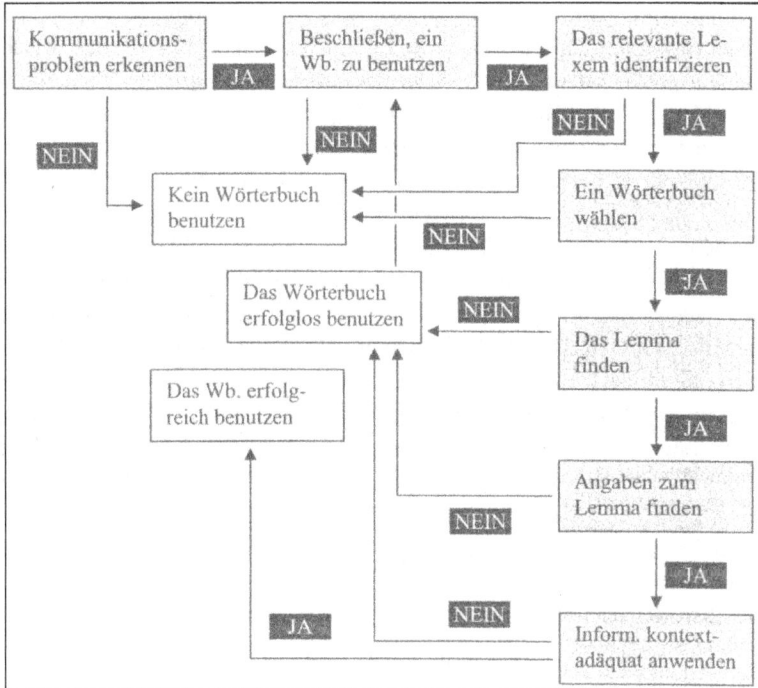

Kommunikationsproblem erkennen — JA → Beschließen, ein Wb. zu benutzen — JA → Das relevante Lexem identifizieren

NEIN

NEIN

NEIN | JA

Kein Wörterbuch benutzen ← NEIN ← Ein Wörterbuch wählen

Das Wörterbuch erfolglos benutzen — NEIN ← Das Lemma finden — JA

Das Wb. erfolgreich benutzen

Angaben zum Lemma finden — JA

NEIN

JA | NEIN — Inform. kontextadäquat anwenden — JA

Am Anfang einer Konsultation steht eine kommunikative Situation mit einem Leseverstehens- oder Schreibanlass. Erkennt ein Lernender, dass er in einem fremdsprachlichen Lesetext ein Wort oder eine Mehrworteinheit nicht kennt, ist ein möglicher Konsultationsanlass geschaffen (1. Schritt). Der Lernende kann nun entscheiden, ob ein Wörterbuch herangezogen werden soll oder die Wortschatzlücke durch ein Erschließen aus dem Kontext geschlossen werden kann (2. Schritt). Je nach Verstehensabsicht (Global- oder Detailverstehen) kann der Lernende sich auch gegen das Nachschlagen und für das Weiterlesen entscheiden. Entscheidet sich der Lernende dafür, das Wörterbuch zu nutzen, identifiziert er zunächst das relevante Lexem im Lesetext, welches das Kommunikationsproblem erzeugt (3. Schritt). Falls nötig führt der Lernende das Lexem auf seine Grundform zurück (ebenfalls 3. Schritt). Beispielsweise muss bei flektierten

Verben (z.B. *stunned*, *threw*) und bei Substantiven im Plural (z.B. *trees, knives, lice*) die Grundform bestimmt werden. Falls der Lernende eine Mehrworteinheit nicht versteht, muss er beispielsweise herausfinden, unter welchem Lemma (*head* oder *have*) die Mehrworteinheit *to have a good head for sth.* im Wörterbuch aufgeführt wird.

Erst nach Durchlaufen dieser drei Schritte, die sich quasi im Kopf des Lerners abspielen, greift der Lerner zum Wörterbuch. Er hat die Wahl zwischen verschiedenen Wörterbüchern und muss das zu seinem Nachschlageanlass passende auswählen. Der vierte Schritt 'Ein Wörterbuch wählen' setzt allerdings voraus, dass ein Lerner verschiedene Wörterbücher kennt und weiß, für welchen Anlass sich welches Wörterbuch eignet. Zunächst aber muss er überhaupt auf mehrere Wörterbücher zugreifen können. Während Lerner, die keine Sprachexperten sind, selten mehr als ein Wörterbuch für eine Sprache besitzen, bietet das Internet eine große, fast schon unübersichtliche, Auswahl an Wörterbüchern. PEW für Schüler verfügen meist über sowohl ein- als auch zweisprachige Wörterbücher für dieselbe Sprache. Höherwertige PEW können zusätzlich mit einem Kollokationswörterbuch und einem Thesaurus aufwarten.

Im fünften Schritt setzt sich der Lernende direkt mit dem Wörterbuch auseinander und steht vor der Aufgabe, den zum Lemma passenden Wörterbucheintrag zu finden. Für die erfolgreiche Suche ist insbesondere die korrekte Bestimmung der Grundform entscheidend. Sucht der Nutzer z.B. nach *knives* und nicht nach *knife*, bleibt der fünfte Schritt und damit die ganze Konsultation erfolglos. PW unterscheiden sich besonders deutlich von PEW und Online-Wörterbüchern hinsichtlich des Suchvorgangs. Für das Nachschlagen im PW ist es nötig, dass dem Nutzer die alphabetische Anordnung der Lemmata (also die Makrostruktur) bekannt ist und er das Alphabet beherrscht. Das ermöglicht ihm auch die Lemmastrecke abzuschätzen, also das PW direkt in dem Bereich aufzuschlagen, wo das Lemma vermutet wird. Der Suchvorgang wird beschleunigt, wenn z.B. das Lemma *vehicle* direkt hinten im Wörterbuch gesucht wird. Für die weitere Suche kann er sich Leitwörter in der Kopfzeile zunutze machen. Auch wenn die Makrostruktur im PEW ebenfalls alphabetisch aufgebaut ist, durchbricht die inkrementelle Suche aus der Perspektive des Nutzers die alphabetische Ordnung. Zusätzlich bietet das PEW weitere Suchmodi, mit denen gezielt nach Beispielsätzen, Wendungen und der Rechtschreibung eines Lexems gesucht werden kann. Die Rechtschreibprüfung ermöglicht teilweise sogar die Eingabe flektierter Lexeme wie *knives*.

Nachdem der gesuchte Wörterbuchartikel gefunden wurde, muss die für den jeweiligen Verwendungszusammenhang passende Information identifiziert werden

(6. Schritt). Wörterbuchartikel können Informationen zu Wortart, Bedeutung, Übersetzung, Aussprache, Verwendung und grammatischen Besonderheiten enthalten. Diese Informationen werden mithilfe von Aufzählungen, Abkürzungen, Klammern, typographischen Auszeichnungen und Farben stark verdichtet dargestellt. Die entsprechenden Symbole und Zeichen müssen vom Nutzer entschlüsselt und hinsichtlich der Suchanfrage ausgewertet werden. Um die adäquate Information zu identifizieren, ist es nötig, dass der Nutzer die lexikographischen Konventionen kennt und den Wörterbuchartikel in Gänze wahrnimmt. Bei PEW kann man aufgrund der Displaygröße bei längeren Wörterbuchartikeln nur die ersten Informationen lesen. Daher ist es nötig, dass Nutzer mit Hilfe der Pfeiltasten den Eintrag durchscrollen.

Wurde eine Information ausgewählt, muss diese adäquat auf den Kontext angewendet werden (7. Schritt). Beim Lesen eines Textes muss die gefundene Wortbedeutung mit der Verstehenslücke und bereits Verstandenem aus dem Text abgeglichen werden. Beim Verfassen eines Textes gilt es, das gefundene Lexem morpho-syntaktisch in den Text zu integrieren. Dazu müssen sowohl Informationen aus dem Wörterbuch als auch die eigene Sprachkompetenz genutzt werden.

Das Modell von Engelberg und Lemnitzer (2009) visualisiert, dass in jedem der sieben Schritte das Scheitern der Konsultation bzw. der Abbruch derselben möglich ist (vgl. Abb. 3–1). Ein Misserfolg wird dem Nutzer dabei nicht zwingend bewusst. Bemerkt der Nutzer jedoch, dass er einen Fehler gemacht hat, kann er Konsultationsschritte wiederholen. Ein Lerner liest z. B. den Satz *„News of the disaster stunned the nation".* Er versteht *stunned* nicht und gibt es in sein PEW ein. Als Übersetzungsäquivalent findet er „fassungslos". Bei der Anwendung auf den Kontext stellt er jedoch fest, dass diese Information sich nicht sinnvoll in den Kontext integrieren lässt. Er analysiert das Lexem im Lesetext erneut (3. Schritt) und stellt fest, dass es sich um ein Verb handelt und die Grundform *stun* lauten muss. Die folgenden Konsultationsschritte bearbeitet er erfolgreich und versteht schließlich den Satz.

Anhand des Modells (Engelberg / Lemnitzer 2009) und der Auflistung Nesis (2003) werden die Komplexität einer Konsultationshandlung und die damit einhergehenden Voraussetzungen auf Seiten des Wörterbuchbenutzers deutlich. Das der MobiDic-Studie zugrunde liegende Verständnis von Wörterbuchbenutzungskompetenz basiert auf Engelbergs und Lemnitzers (2009) Modell und wird vom Konsultationserfolg her gedacht. Wörterbuchbenutzungskompetenz beinhaltet das Wissen und die Fertigkeiten, die den Nutzer zur erfolgreichen Konsultation befähigen. Diese Formulierung ist hierbei als Arbeitsdefinition zu verstehen. Es sei darauf hingewiesen, dass die MobiDic-Studie nicht anstrebt, ein

PEW-spezifisches Kompetenzmodell zu entwickeln oder zu testen. Wörterbuch-benutzungskompetenz wird als ein Kompetenzprofil im Sinne von Oser et al. (2010a) verstanden, welches durch die in einer spezifischen Situation geforderten Teilhandlungen gekennzeichnet ist. Konsultationserfolg bedeutet, dass ein Wörterbuchnutzer im Wörterbuch die für eine spezifische Suchanfrage passende Information identifizieren und diese adäquat auf den sprachlichen Kontext anwenden kann.

4 Forschungsstand

PEW zählen ebenso wie Internet-Wörterbücher, Wörterbuchprogramme für Computer und Smartphone-Apps zu den elektronischen Wörterbüchern. Aufgrund der in Kapitel 2 dargestellten Merkmale nehmen PEW jedoch eine Sonderstellung ein, weshalb Studien zu anderen Formen elektronischer Wörterbücher nicht in die Betrachtungen mit aufgenommen werden. Im Folgenden werden daher ausschließlich zentrale Ergebnisse von Studien zu PEW referiert. Es liegen vorwiegend empirische Untersuchungen aus dem asiatischen Raum vor, wo PEW besonders verbreitet sind (Bower / McMillan 2007: 700, Deng 2005). Die Studien unterscheiden sich jedoch bezüglich der Testsituationen, der Forschungsmethoden, der Teilnehmerinnen und Teilnehmer und der benutzten PEW. Diese Faktoren und die Tatsache, dass meistens Studierende an Universitäten als Probanden herangezogen werden, schränken die Übertragbarkeit der Ergebnisse auf die Schulsituation in Deutschland deutlich ein. Nichtsdestotrotz werden zentrale Erkenntnisse zur PEW-Benutzung im weiten Sinne, zum Lesen mit PEW, zum Wortschatzlernen im Anschluss an die PEW-Benutzung und zu affektiven Komponenten der PEW-Benutzung dargestellt, weil sie für die Konzeption der MobiDic-Studie berücksichtigt wurden.

4.1 Nutzung und Nutzen portabler elektronischer Wörterbücher

Obwohl die Wörterbuchbenutzungsforschung seit etwa 20 Jahren auch PEW untersucht, ist in Deutschland nur eine Studie zu PEW mit Schülerinnen und Schülern bekannt. Diese von 2010 bis 2011 durchgeführte Untersuchung wurde vom Elektronikhersteller Casio in Auftrag gegeben und von Wissenschaftlern der Universität Osnabrück durchgeführt. Lernende aus sechs Klassen der Jahrgangsstufen 7 und 8 trainierten zwei Wochen lang die Benutzung eines Wörterbuchs, wobei jeweils eine Klasse ein Casio PEW und die Parallelklasse ein gedrucktes Wörterbuch verwendeten (Casio Europe GmbH o. J.: 3). Die Ergebnisse der Leistungstests zum Wortschatz, zur Verwendung von Kollokationen und Präpositionen sowie zum Leseverstehen, die im Rahmen eines Prä-Post-Vergleichs durchgeführt wurden, werden als Belege für die Vorteile von PEW gedeutet, da die PEW-Nutzer in den achten Klassen in den Abschlusstests besser abschneiden als die Nutzer der gedruckten Wörterbücher (ebd. 6f.). Über das schlechtere Abschneiden der PEW-Nutzer aus der 7. Klasse können die Autoren nur Vermutungen aufstellen und zu bedenken geben, dass das einheitliche Arbeitsmaterial, das in der Casio Studie zum Einsatz kam, möglicherweise „den Anforderungen der Gesamtschüler aus der 7. Klasse nicht gerecht wurde" (ebd. 7). Neben der Casio Studie existiert noch eine Hausarbeit, die im Rahmen der Zweiten Staatsprüfung für das Lehramt angefertigt wurde und in der PEW im Rahmen einer Unterrichtsreihe eingesetzt wurden (Landt-Hayen 2009).

Unstrittig ist, dass die Nachschlagegeschwindigkeit bei der Benutzung von PEW deutlich höher ist als bei Papierwörterbüchern (Koyama / Takeuchi 2005b: 5, Chen 2010, Weschler / Pitts 2000). Die Schnelligkeit des Nachschlagevorgangs hat Konsequenzen für die Nachschlagehäufigkeit. Nesi und Boonmoh (2009) stellen fest, dass Lernende eher zum PEW als zum PW greifen, um sich einer Wortbedeutung zu vergewissern. Die Nachschlagehäufigkeit wird allerdings auch durch die Sprachkompetenz der Nutzer beeinflusst.

Leistungsschwächere erwachsene Fremdsprachenlerner schlagen häufiger nach als leistungsstärkere Lerner. Erstere verwenden außerdem weniger Zeit auf das Lesen des Wörterbuchartikels und lesen auch weniger genau (Koyama / Takeuchi 2009: 137). Zu der Frage, ob die höhere Nachschlagegeschwindigkeit die Bearbeitungszeit einer Aufgabe reduziert, liegen unterschiedliche Ergebnisse vor (positiv: Koyama / Takeuchi 2007, Chen 2010, negativ: Koyama / Takeuchi 2003, 2004a, Shizuka 2003).

In vielen Forschungsberichten zum Wörterbuchgebrauch ziehen Wissenschaftler aus den Ergebnissen die Konsequenz, dass Wörterbuchtraining unabdingbar ist, da erfolgreiche Wörterbuchbenutzung nicht voraussetzungslos ist (u.a. Bower / McMillan 2007, Kobayashi 2007, Wingate 2004). Es erstaunt daher, dass Wörterbucharbeit im Englischunterricht in Deutschland wenig Raum erhält, obwohl methodische Kompetenzen zum Wörterbuchgebrauch in allen Lehrplänen verbindlich vorgegeben sind. In einer kleinen Fallstudie kommt Hahn (2011) zu dem Schluss, dass die Einführung von Wörterbüchern im Englischunterricht unzureichend sei.

Da dem Leseverstehen in der MobiDic-Studie große Bedeutung beigemessen wird, sollen im Folgenden einschlägige Studien referiert werden, die sich mit dem Zusammenhang von Wörterbuchbenutzung, insbesondere PEW-Benutzung, und Leseverstehen beschäftigen. Von besonderem Interesse sind solche Studien, die der Frage nachgehen, wie sich das Nachschlageverhalten bei der PEW-Benutzung auf den Leseprozess auswirkt. Im Anschluss daran werden diejenigen Studien vorgestellt, die sich mit der Retention von Vokabular beim Einsatz von PEW beschäftigen.

4.2 Lesen mit PEW[1]

Die Bedeutung des Lesens als einer der wichtigsten Kulturtechniken hat durch die fortschreitende Globalisierung, Internationalisierung und Digitalisierung beständig zugenommen. Lesen zu können ermöglicht sowohl Informationsaufnahme und selbstgesteuertes Lernen als auch Vergnügen und Zerstreuung. Für die Teilhabe am gesellschaftlichen Leben bildet es eine unverzichtbare Voraussetzung. In Zeiten der Globalisierung reicht es aber nicht aus, nur in einer Sprache lesen zu können. Deshalb hat die fremdsprachliche Lesekompetenz einen hohen Stellenwert im Bildungswesen.

Schulleistungsstudien wie PISA und DESI (Naumann et al. 2010, Nold / Willenberg 2007) haben jedoch gezeigt, dass die Schülerinnen und Schüler in den Grundkursen an Haupt- und Gesamtschulen erhebliche Defizite im Lesen deutsch- und englischsprachiger Texte aufweisen. Verschiedene Lernstandserhebungen in NRW (MSW 2011) bestätigen, dass ein großer Anteil der Haupt- und Gesamtschüler in Grundkursen nicht über das „Auffinden bzw. Wiedererkennen von Informationen auf der Textoberfläche" oder „einfaches Verstehen" hinauskommt (vgl. MSW 2011: 7, 15, vgl. auch Klieme et al. 2010: 7). Nur 5% der Hauptschüler und 10% der Gesamtschüler sind in der Lage, grundlegende Verstehensleistungen zu vollbringen und einfache Schlussfolgerungen zu ziehen. Differenziertere Verstehensleistungen und Inferenzbildungen werden in den Grundkursen beider Schulformen gar nicht erreicht (vgl. MSW 2011: 7). Diese leistungs- und leseschwachen Lerner an Haupt- und Gesamtschulen (Nold / Willenberg 2007) geraten schnell in eine Spirale aus lexikalischen Defiziten, mangelhaftem Leseverstehen, niedriger Lesemotivation und fehlendem Leseinteresse. Dadurch wird auch der Lernzuwachs *durch* Lesen erschwert. Die Fähigkeit, Texte in fremden Sprachen zu verstehen, steht in engem Zusammenhang mit dem Umfang des Wortschatzes in der Fremdsprache. Mehrere Studien deuten darauf hin, dass lexikalisches Wissen ein wesentlicher Prädiktor für das Leseverstehen ist (vgl. Alderson 2000, Coady 1993, Crow 1986). Laufer (1997: 31) bezeichnet fehlenden Wortschatz daher als das größte Hindernis beim Lesen in einer Fremdsprache (vgl. auch Hu / Nation 2000, Nation 2001: 144ff., Schmitt 2008). Von diesem Problem sind insbesondere Leser auf einer unteren Erwerbsstufe mit geringen Wortschatzkenntnissen und schwach ausgeprägten Lesestrategien betroffen. Befunde aus einzelnen Studien lassen jedoch vermuten, dass fehlendes Wortschatzwissen ausgeglichen und die Leseleistung gesteigert

---

1 Die nachfolgende Darstellung relevanter Untersuchungen zum Lesen mit PEW orientiert sich an der Zusammenfassung in Diehr et al. (2013).

werden kann, wenn ein Wörterbuch benutzt wird (z.B. Alderson 2000: 99, Shieh / Freiermuth 2010, Tono 1989). Gleichwohl darf das Ziel des Lesens im Fremdsprachenunterricht nicht aus dem Blick verloren werden, dass Lernende selbstständig lesen und dazu unbekannte Wörter nach Möglichkeit erschließen lernen sowie das Nachschlagen in einem Wörterbuch auf das Notwendige beschränken (vgl. Hermes 2010: 199).

4.2.1 Theoretische Fundierung: Lesen als Mehrebenen-Prozess

Lesekompetenz wird hier als die Fähigkeit verstanden, geschriebene Texte zu verstehen, zu nutzen und über sie zu reflektieren. Mit dem Lesen verfolgen Leser eigene Ziele, entwickeln ihr Wissen und Potenzial weiter und nehmen am gesellschaftlichen Leben teil (vgl. Baumert et al. 2001: 23). Wissenschaftler gehen derzeit davon aus, dass es sich beim Lesen nicht um ein „monolithisches Fertigkeitskonstrukt", sondern um „interagierende Teilfertigkeiten" (Artelt et al. 2007: 12) handelt, die auf verschiedenen kognitiven Ebenen angesiedelt sind (vgl. Rosebrock / Nix 2011: 113, Khalifa / Weir 2009: 43, Karcher 1988: 210f.). Folgende Einzelfähigkeiten gehen in das Gesamtkonstrukt ein: das Dekodieren graphischer Formen, die Worterkennung, die syntaktische Verarbeitung, das Verstehen auf Satzebene, das Inferieren, das Erstellen eines mentalen Textmodells und das konstruktive Textverstehen (vgl. Diehr / Rupp 2015, Grabe 2009: 451f., Khalifa / Weir 2009: 43, Karcher 1988: 209f.). Aber auch die Aufrechterhaltung der Lesemotivation, die Verarbeitung der Inhalte und der Einsatz von Lesestrategien, wie etwa das Nachschlagen im Wörterbuch, gehören zur Lesefertigkeit dazu (vgl. Grabe 2009: 451f.). Diese Auffassung vom Lesen als *multidivisible skill* (vgl. Alderson 2000: 9–13, 93f., Weir 2005: 87f.) spiegelt sich im Leseverstehenstest wider, der zur Erhebung der Leseleistung in der MobiDic-Studie verwendet wurde.

Zunächst richtet ein Leser ausgelöst durch ein Leseinteresse bzw. Leseziel seine Aufmerksamkeit auf einen Text und nimmt diesen lediglich als eine Menge von Schriftzeichen unanalysiert und unklassifiziert wahr. Zum Erreichen des Wortverständnisses werden die wahrgenommenen Schriftzeichen mithilfe des Langzeitgedächtnisses zunächst als Buchstaben identifiziert. In einem weiteren Schritt wird das Klangbild einer Buchstabenfolge bzw. eines Wortes erzeugt und bei leisem Lesen auch innerlich gesprochen (vgl. Karcher 1988: 210f., Lutjeharms 2010: 977). In einem weiteren Schritt wird die Wortbedeutung aus dem Langzeitgedächtnis abgerufen (vgl. Karcher 1988: 210f., Lutjeharms 2010: 978). Sobald der Leser für einige Wörter das Wortverständnis konstruiert hat, werden sie syntaktisch und semantisch analysiert und aufeinander bezogen, um ein Satzverständnis

zu erreichen. Weiterhin stellt der Leser während des Leseprozesses einen überge-
ordneten Bedeutungszusammenhang zwischen dem Gelesenen und dem Text als
Ganzem her, um so zum Verständnis des Textes zu gelangen. Hierfür wird der
Text strukturell mit abstrakt-organisiertem, individuellem Wissen über Textsor-
ten analysiert und mit deren typischem Aufbau abgeglichen (vgl. Karcher 1988:
218f., vgl. Lutjeharms 2004, 2010: 978). Des Weiteren wird das Gelesene pragmatisch analysiert, indem der außersprachliche Kontext zur Sinnbildung hinzugezo-
gen wird. Dabei wird auch enzyklopädisches Wissen aktiviert und mit dem Text
in Beziehung gesetzt (vgl. Karcher 1988: 218f., Khalifa / Weir 2009: 43).

Für die MobiDic-Studie ist insbesondere die Phase von Bedeutung, in der ein
Leser von der Wahrnehmung von Schriftzeichen zu Wortverständnis gelangt.
Wenn ungeübte Leser sich auf die Identifikation von Wortbedeutungen konzentrieren müssen, können sie dem Verstehensprozess auf Satz- und Textebene nur
wenig Aufmerksamkeit widmen (vgl. Karcher 1988: 213–215, Lutjeharms 2004,
Artelt et al. 2007: 45). Es kann vermehrt zu Vermeidungsstrategien und infe-
rentiellen Fehldeutungen kommen, wenn Wortbedeutungen durch fehlerhaftes
kontextuelles Raten (*guessing from context*) falsch erschlossen oder gar nicht berücksichtigt werden (vgl. Lutjeharms 2010: 979). Folglich ist insbesondere für
schwache Leser das Lesen in der Fremdsprache aufgrund ihres geringeren Wortschatzes eine ausgesprochene Herausforderung (vgl. Nold / Willenberg 2007: 28f.
mit Bezug auf Alderson 1984, Karcher 1988: 222, Nation 2001: 144–149).

In der MobiDic-Studie wird angenommen, dass der Einsatz eines PEWs die
Schülerinnen und Schüler während des Lesens vor allem in der Phase des Wort-
verstehens unterstützt, weil sie lexikalische Lücken füllen können und weil auf
diese Weise das Inferieren unterstützt wird, das letztlich zu einem erfolgreichen
Leseverstehen auf Satz- und Textebene führt. Unbekannte Wörter können mit
dem PEW zügiger gefunden werden, als dies mit einem PW möglich ist (vgl.
Weschler / Pitts 2000). Durch den besonders schnellen Nachschlagevorgang beim
Gebrauch eines elektronischen Wörterbuchs wird der Leser kognitiv entlastet,
weil seine Aufmerksamkeit nur für eine kurze Zeitspanne vom Lesetext abgezo-
gen und auf den Eintrag im Wörterbuch gerichtet wird. Die Nutzung eines elektronischen Wörterbuchs kann daher bei der Entwicklung des Wortverständnisses
und dem Erstellen einer mentalen Textrepräsentation unterstützend wirken
(Engelberg / Lemnitzer 2009: 99). Aus pädagogisch-praktischer Perspektive sind
selbstverständlich auch die Nutzung des Kontextwissens und das Erschließen
von Wortbedeutungen aus ggf. vorliegenden Herkunftssprachen zu üben. Diese
Aspekte müssen hier jedoch unberücksichtigt bleiben, da die MobiDic-Studie
sich auf die Nutzung von PEW konzentriert.

4.2.2 Empirische Fundierung: Erkenntnisse zum Lesen mit Wörterbüchern

Empirische Studien unterscheiden sich oft in mehreren Aspekten wie etwa dem genutzten Wörterbuchmedium, dem Wörterbuchtyp (einsprachig vs. zweisprachig) oder auch der Art der Stichprobenziehung. Um die Vergleichbarkeit der referierten Ergebnisse herzustellen, werden im Folgenden die Kernaussagen von Studien berichtet, bei denen PEW mit bilingualen Wörterbüchern eingesetzt wurden. Da kaum Studien mit jugendlichen Lernern vorliegen, werden auch Studien mit erwachsenen Lernern einbezogen.

Studien, in denen traditionelle PW eingesetzt werden, zeichnen ein disparates Bild vom Nutzen des Wörterbucheinsatzes: Während z.B. Chun / Plass (1996), Hulstijn (1993) und Nesi / Meara (1991) feststellen, dass Wörterbücher Lernern beim Lesen nicht helfen, kommen Fraser (1999), Grabe / Stoller (1997) und Luppescu / Day (1993) zu dem gegenteiligen Ergebnis: Wörterbücher fördern das Leseverstehen. Inwieweit sie dieses tun, hängt allerdings von der zur Verfügung stehenden Zeit und der Sprachkompetenz der Lerner ab (vgl. Shieh / Freiermuth 2010).

Studien mit PEW vergleichen in der Regel das Leseverstehen einer PEW-Gruppe mit einer PW-Gruppe; in einzelnen Studien wird zusätzlich eine Vergleichsgruppe ohne Wörterbuchbenutzung gebildet. In keiner Studie werden bislang signifikante Unterschiede im Leseverstehen zwischen PEW- und PW-Nutzern festgestellt. Während in den Untersuchungen von Flynn (2007: 39), Koyama / Takeuchi (2004a, 2004b, 2007: 118), Osaki et al. (2003) sowie Osaki / Nakayama (2004, zitiert nach Koyama / Takeuchi 2007) die Probanden mit PEW geringfügig bessere Leistungen erzielen als die Vergleichsgruppen mit PW, kommen die Studien von Kobayashi (2007: 663) und Koyama / Takeuchi (2007: 114f.) zu einem gegenteiligen Ergebnis, denn dort schneiden die PW-Nutzer im Leseverstehenstest besser ab. Auf den ersten Blick scheint es also keinen Unterschied zu machen, ob Lerner während des Lesens ein PEW oder ein PW zur Verfügung haben.

Mehrere Untersuchungen zeigen, dass Leser mit einem PEW signifikant mehr Wörter nachschlagen als Leser, die ein PW einsetzen (vgl. z.B. Flynn 2007, Koyama / Takeuchi 2004b: 1022, 2007: 114f., 118). Dieses Ergebnis könnte auf die von Koyama / Takeuchi (2009) beschriebene Konsultationsgeschwindigkeit zurückzuführen sein. Des Weiteren gehen Forscher davon aus, dass elektronische Wörterbücher, insbesondere PEW, die Nachschlageschwelle herabsenken (vgl. Aust et al. 1993: 70, Dziemianko 2012: 333). Es fällt zudem auf, dass Lerner im PEW auch dann nachschlagen, wenn sie sich nur der Bedeutung oder

Schreibweise vergewissern wollen (vgl. Koyama / Takeuchi 2007: 118, Nesi / Boonmoh 2009: 81). Koyama / Takeuchi (2009: 147) kommen in einer qualitativen Studie zu dem Schluss, dass leistungsschwache Lerner wegen der Schnelligkeit der Suchvorgänge häufiger zum Wörterbuch greifen, um lexikalische Lücken zu schließen (vgl. ebd. 147). Insbesondere wenn Probanden mit einer geringen Sprachkompetenz unreflektiert Wort-für-Wort übersetzen und sich ausschließlich auf das PEW verlassen, überlagert die Benutzung des PEWs tendenziell die Anwendung anderer Lesestrategien (vgl. Kobayashi 2007: 663). Kobayashi gibt jedoch zu bedenken, dass bei seinen Probanden von einer geringen Wörterbuchbenutzungskompetenz auszugehen ist (vgl. ebd. 665).

Die erhöhte Nachschlagerate beim Lesen mit einem PEW geht mit einer signifikant geringeren Lesezeit einher (vgl. Koyama / Takeuchi 2004b: 1022, 2007: 118). PW-Nutzer benötigen für das Lesen eines Texts und den sich anschließenden Verstehenstest 23% mehr Zeit als PEW-Nutzer, obwohl Letztere doppelt so viele Wörter im PEW nachschlagen (vgl. dieselben 2007: 118). Diesen Befund bestätigt Flynn (2007: 40), der auch darauf hinweist, dass PW-Nutzer 83% und PEW-Nutzer 66% länger für eine Leseaufgabe brauchen als Lerner ohne Wörterbuch. Generell scheint die Wörterbuchbenutzung zu einer Verlängerung der Bearbeitung von Leseaufgaben zu führen (vgl. Luppescu / Day 1993), und zwar selbst dann, wenn das Wörterbuch nur zur Verfügung steht, aber nicht genutzt wird (vgl. Nesi / Meara 1991).

Die Ergebnisse ihrer qualitativen Studie mit 8 Teilnehmern resümieren Nesi / Boonmoh (2009: 80f.) wie folgt: PEW-Nutzer zeigen mehr Durchhaltevermögen während des Nachschlagens im Unterschied zu PW-Nutzern. Aufgrund der schnellen und bequemen Suchmöglichkeiten des digitalisierten Mediums sind sie offenbar eher bereit, mehr Suchanläufe zu unternehmen, bis sie ein zufriedenstellendes Ergebnis gefunden haben. Dieses bemerkenswerte Ergebnis spiegelt sich auch in den Konsultationen zweier Probanden der MobiDic-Studie wider (vgl. Kapitel 6.4).

In der Zusammenschau zeigen die gesichteten Studien, dass Lerner, die während einer Leseaufgabe ein PEW zur Verfügung haben, mehr Wörter nachschlagen und für Leseaufgaben weniger Zeit benötigen als Leser mit PW. Ungeklärt bleibt jedoch, ob PEW das Leseverstehen positiv beeinflussen. Es gibt keine eindeutigen Belege, die zeigen, dass sich das Leseverstehen verbessert, je mehr Wörter nachgeschlagen werden. Wenn dies der Fäll wäre, müssten sich die signifikant höheren Nachschlageraten in den angeführten Studien in den höheren Testleistungen niederschlagen, was jedoch nicht der Fall ist (vgl. Koyama / Takeuchi 2007: 119). Die Nachschlagehäufigkeit erweist sich vermutlich als ein weniger bedeutsamer Einflussfaktor als die zur Verfügung stehende Zeit, die

Sprachkompetenz und die Wörterbuchbenutzungskompetenz. Grabe und Stoller (1997) gehen davon aus, dass Wörterbücher von Lernenden als Hilfsangebot wahrgenommen werden und daher auf affektiver Ebene positiv wirken, weil sie die Angst vor der möglichen Nicht-Bewältigung der Leseverstehensaufgabe reduzieren. Dieser Effekt ist bei PEW vermutlich stärker ausgeprägt als bei PW (vgl. Dziemianko 2012: 333f., Kassel i.V.).

4.3 Retention von Wortschatz bei der PEW-Benutzung[2]

Wortschatzlernen umfasst mehr als das Abspeichern einer Bedeutung für ein Wort. Nation (2001: 27) geht davon aus, dass Wortwissen neben der Bedeutung auch Kenntnis der Form und der Benutzung umfasst. Wortschatzlernen wird als inkrementeller Prozess verstanden. Lerner speichern zunächst meist nur die Beziehung von Form ([spiːtʃ]) und Bedeutung (*speech* = Rede). Nach und nach werden weitere Informationen, z.B. Kollokationen (*to give a speech*), ergänzt. Zwei wichtige Prinzipien erfolgreichen Wortschatzlernens sind zum einen Wiederholung (vgl. Nation 2001: 74ff) und zum anderen Verarbeitungstiefe (vgl. Laufer / Hulstijn 2001). Die Intensität, mit der Lerner Wörter verarbeiten, ist entscheidend für die Speicherung. Weiterhin wird zwischen inzidentellem und intentionalem Lernen unterschieden. Man spricht von intentionalem Wortschatzlernen, wenn Lerner eine Aufgabe mit dem klaren Ziel der Wortschatzerweiterung bearbeiten. Inzidentelles Wortschatzlernen ist zufälliges Lernen und sozusagen ein Nebenprodukt der Sprachbenutzung.

Das Nachschlagen in Wörterbüchern ist eine verbreitete Strategie zum Umgang mit unbekanntem Wortschatz. Nation (2008a: 116) argumentiert, dass Wörterbuchbenutzung dem inzidentellen Wortschatzlernen zuträglich ist, aber zusätzlich als Vokabellernstrategie für das intentionale Wortschatzlernen genutzt werden kann. Entsprechend gibt es mehrere Studien, die die Retention von Wortschatz im Anschluss an die Wörterbuchbenutzung, meist beim Lesen, untersuchen. Hier zeigt sich, dass die Wortschatzzuwächse von Wörterbuchnutzern (unabhängig von PEW oder PW) im Vergleich mit einer Gruppe ohne Wörterbuch signifikant höher sind (vgl. Flynn 2007, Luppescu / Day 1993). In den letzten 15 Jahren sind PW vermehrt mit verschiedenen elektronischen Wörterbüchern hinsichtlich der Retentionsrate verglichen worden. Zunächst ist eine gesicherte Erkenntnis der Wörterbuchforschung, dass Nutzer mit elektronischen Wörterbüchern, insbesondere mit PEW, mehr Stichwörter in kürzerer Zeit nachschlagen als Nutzer mit PW

---

2   Die nachfolgende Darstellung orientiert sich teilweise an Kassel (2015).

(vgl. z. B. Flynn 2007, Koyama / Takeuchi 2004b, 2007). Es stellt sich jedoch die Frage, ob mehr Nachschlagen auch zu mehr Wortschatzlernen führt. Das übliche Untersuchungsdesign, um diese Frage zu beantworten, besteht darin, dass Lerner, oft Studierende aus Asien, eine Leseaufgabe bekommen und im Anschluss daran einen unangekündigten Wortschatztest schreiben. Die meisten Studien können keine signifikanten Unterschiede zwischen PW- und PEW-Nutzern feststellen (vgl. Casio o. J., Chen 2010, Kobayashi 2007, Koyama / Takeuchi 2003, 2005b, Iso / Osaki 2003 zit. n. Sugimoto 2007). Flynn (2007) stellt fest, dass PEW-Benutzung beim Lesen zu etwas höheren Wortschatzzuwächsen führt als das Lesen mit PW. In der Casio-Studie zeigt sich, dass die PEW-Nutzer aus zwei gymnasialen achten Klassen besser abschneiden als die PW-Nutzer der Vergleichsgruppe (Casio o. J.: 7). Das Gegenteil ist allerdings für Gesamtschüler der Fall (vgl. ebd.).

Zum gegenteiligen Ergebnis kommen Chiu und Liu (vgl. 2013) in einer der wenigen Studien mit Schülerinnen und Schülern. Die beiden Wissenschaftler vergleichen die Retention von 15 Lexemen im Anschluss an die Benutzung von PW, PEW und Internetwörterbüchern mit 33 taiwanischen Mandarin-sprechenden Schülern im Alter von 13 bis 14 Jahren. Sie kommen zu dem Ergebnis, dass die drei Wörterbuchmedien keinen signifikanten Einfluss auf die Retention unmittelbar nach der Leseaufgabe haben. Hier schneidet das PEW leicht besser ab als die beiden anderen Wörterbuchmedien (vgl. ebd.: 624). In dem zwei und vier Wochen später durchgeführten Retentionstest ist die Behaltensleistung der im PW nachgeschlagenen Lexeme jedoch signifikant höher als die Retention der in elektronischen Wörterbüchern nachgeschlagenen Lexeme (vgl. ebd.: 625f.). Koyama und Takeuchi (vgl. 2004a, 2004b) gehen ebenfalls davon aus, dass in PW nachgeschlagene Lexeme besser behalten werden, können jedoch nur nicht-signifikante Ergebnisse berichten. Koyama / Takeuchi (vgl. 2004a: 42) erklären den Behaltenseffekt damit, dass die längere, anstrengendere Suche eines Wortes in einem PW zu einer tieferen Verarbeitung führe und so den Lerneffekt steigere. In gleicher Weise argumentieren Chiu und Liu (vgl. 2013: 629), denen zufolge der Lerner ein Lemma in der länger andauernden Konsultation im PW auch länger im Kurzzeitgedächtnis behalten muss und daher tiefer verarbeitet. Koyama / Takeuchi (2004b: 1019) versuchen ihr Ergebnis mit der Gestaltung der Wörterbücher zu erklären. Dieser Interpretation, derzufolge PEW per se zu flacherem Verarbeiten führen, entgegnet Dziemianko: „[I]t is not *any* involvement that matters to vocabulary retention in the process of dictionary use, but *semantic* involvement" (2012: 332).

Zusammenfassend lässt sich feststellen, dass die dargestellten Studien keine eindeutige Antwort auf die Frage geben, wie PEW Wortschatzlernen beeinflussen. Es stehen sich im Wesentlichen zwei verbreitete Argumentationsmuster gegenüber:

Zum einen gibt es die These, dass die Konsultation im PW sowohl länger dauert als auch schwieriger ist und damit zu tieferem Verarbeiten der Lexeme führt. Zum anderen wird die These ins Feld geführt, dass das einfache und schnelle Aufrufen von Wörterbucheinträgen in PEW zu mehr Wortbegegnungen führt und diese Wiederholungen dem Wortschatzlernen zuträglich sind.

4.4 Affektive Komponenten der Wörterbuchbenutzung[3]

Die Einstellung der Nutzer zum Wörterbuch ist bereits seit etlichen Jahren Gegenstand der internationalen Wörterbuchforschung (vgl. Wiegand et al. 2010: 7). PEW werden besonders wegen der schnelleren Benutzung geschätzt (vgl. ebd., Jian et al. 2009). Aber auch die Möglichkeit des schnellen Wechsels zwischen Einträgen und die Portabilität überzeugen Nutzer (Kobayashi 2008, Sugimoto 2007). Taiwanische Schüler im Alter von 13–14 Jahren benutzen laut einer aktuellen Studie von 2013 allerdings eher Internet-Wörterbücher als PEW (vgl. Chiu / Liu 2013: 622), wobei die Lerner grundsätzlich elektronische Wörterbücher einem PW wegen des Layouts, der Konsultationsgeschwindigkeit und der Vertrautheit vorziehen (vgl. ebd.: 628). Obwohl japanische Studierende das PEW bevorzugen, halten sie PW für zuverlässiger und erwarten von der PW-Benutzung einen höheren Lernertrag (Koyama / Takeuchi 2003, 2004a, Sugimoto 2007). In einer Fragebogenstudie weisen Jian et al. (2009) allerdings nach, dass die befragten chinesischen Studierenden PEW für das effizientere Lernmittel halten.

Stirling (2005: 71) vermutet auf Basis eigener Erfahrungen als Fremdsprachenlehrerin und Forscherin, dass möglicherweise die affektiven Vorteile von PEW größer sind als die sprachlichen. Sie mutmaßt, dass die einfachere Zugriffsstruktur und die Verfügbarkeit von sprachlichen Informationen Fremdsprachenlernern Vertrauen in ihren selbstständigen Umgang mit Sprache geben. Ergebnisse der Wörterbuchbenutzungsforschung deuten darauf hin, dass PEW im Englischunterricht das Selbstvertrauen beim Sprachgebrauch und die Lernmotivation positiv beeinflussen können (Tang 1997: 54). Dies war insbesondere für die in der MobiDic-Studie untersuchten Lernergruppen relevant, da die Ergebnisse der DESI-Studie zeigen, dass Schülerinnen und Schüler der Hauptschulen, Realschulen und integrierten Gesamtschulen deutlich ungünstigere Motivationsprofile aufweisen als Schülerinnen und Schüler an Gymnasien (Helmke et al. 2008).

---

3 Die Teiluntersuchung zur Einstellung zu Wörterbüchern und zur Motivation der Schülerinnen und Schüler wird in einer aktuellen Forschungsarbeit genauer dargestellt (vgl. Kassel i. V.).

5 Rahmenbedingungen und Alleinstellungsmerkmale der MobiDic-Studie

Bisher hat sich die fachdidaktische Forschung kaum der digitalen Wörterbücher als Forschungsobjekt angenommen, obwohl auf der schulpolitischen Ebene intensiv und kontrovers über den Umgang mit elektronischen Wörterbüchern (meist in Form von Smartphone-Apps oder Internet-Wörterbüchern) diskutiert wird. In fünf Bundesländern (Bremen, Niedersachsen, Sachsen, Schleswig-Holstein und Thüringen) sind PEW bereits im Abitur zugelassen, weitere Schulministerien erörtern die Zulassung, nachdem elektronische Wörterbücher in den Bildungsstandards für die gymnasiale Oberstufe ausdrücklich als potenzielles Hilfsmittel für das Abitur genannt wurden (KMK 2012: 31). Aussagen über den Nutzen und Gebrauch von PEW im Schulalltag haben sowohl für die Fremdsprachendidaktik, als auch für Lehrende und Lernende sowie politische Entscheidungsträger eine unmittelbare Relevanz. Mit dem Forschungsprojekt MobiDic wird erstmalig in einer Langzeitstudie (2/2011 bis 1/2014) der potenzielle Nutzen des portablen elektronischen Wörterbuchs für schulische Lehr- und Lernprozesse im Englischunterricht erforscht.

Die Stärke fachdidaktischer Forschung, die vor allem in der Ausrichtung auf fachliches Lernen liegt (vgl. Terhart 2011: 247), kommt in der MobiDic-Studie zur vollen Entfaltung. Die Studie berücksichtigt fremdsprachenspezifische curriculare Ziele, unterrichtliche Rahmenbedingungen und empirisch erwiesene Förderbedarfe spezifischer Lernergruppen. Damit erfüllt die Studie ein wichtiges Merkmal fachdidaktischer Forschung: „Entscheidend ist, das [sic] fachbezogene Lehr- und Lernprozesse in ihren Abläufen, Ergebnissen, Deutungen und Gestaltbarkeit empirisch und am besten *live*, also in Klassenzimmern etc. untersucht werden." (Terhart 2011: 251) Das MobiDic-Projekt wird in enger lokaler und personeller Verzahnung zwischen Hochschule und Schulen durchgeführt. Spiralförmige Evaluations- und Transferprozesse zählen seit Beginn der Studie aufgrund des regelmäßigen Austausches zwischen den kooperierenden Lehrkräften und dem Forschungsteam der Universität zu den inhärenten Merkmalen des MobiDic-Projekts.

Die Alleinstellungsmerkmale der MobiDic-Studie lassen sich wie folgt zusammenfassen: Die MobiDic-Studie

- ist eine fachdidaktische Langzeitstudie;
- arbeitet mit leistungsschwachen Englischlernenden an Haupt- und Gesamt-schulen;
- stellt den Teilnehmerinnen und Teilnehmern der Studie ein PEW desselben Typs zur Verfügung;
- untersucht die Nutzung des PEWs im Schulalltag;
- ermöglicht Prä-Post-Vergleiche von Leistungen vor Beginn der regelmäßigen PEW-Nutzung und nach achtzehn Monaten gewohnheitsmäßiger Nutzung;
- ermöglicht in einzelnen Tests einen Vergleich zwischen Ergebnissen der PEW-Nutzer mit denen von PW-Nutzern derselben Schule und Klassenstufe;
- untersucht den Nutzen aus verschiedenen Perspektiven;
- analysiert den Konsultationsvorgang aus unmittelbarer Nähe bei der PEW-Nutzung;
- bezieht die Perspektive der Lehrenden und der Lernenden ein.

5.1 Ziele, Forschungsfragen und Design

Das MobiDic Projekt hat sowohl eine fachdidaktisch-praktische als auch eine fachdidaktisch-wissenschaftliche Ausrichtung. Das wissenschaftliche Anliegen der Studie ist es, Erkenntnisse zu den möglichen Auswirkungen des Angebots eines PEWs im Englischunterricht auf die Lernenden zu gewinnen und auf der Grundlage der gewonnenen Daten Hypothesen über das didaktische Potenzial von PEW aufzustellen. Didaktisches Ziel des Projekts ist es, die Leistungen der Lernenden im Englischen zu steigern und ihre Wörterbuchbenutzungskompetenz zu entwickeln.

Die fachdidaktisch-praktische Ausrichtung der Studie basiert auf der Annahme, dass Jugendliche digitalen Innovationen gegenüber aufgeschlossen sind und diese Offenheit der Bereitschaft zur Nutzung des Hilfsmittels PEW zuträglich ist. Es wird ferner angenommen, dass die Verfügbarkeit eines eigenen PEWs die Fremdsprachkompetenz sowie das Selbstbewusstsein der Schüler als Sprachler-ner stärkt. Dies setzt jedoch voraus, dass die Lernenden eine Wörterbuch- bzw. Wörterbuchbenutzungskompetenz (oder auch Nachschlagefähigkeit) aufbauen. Die fachdidaktisch-praktische Ausrichtung des MobiDic-Projekts manifestiert sich in drei Leitzielen:

- Unter den Lernenden soll Interesse an der Verbesserung der eigenen Fremd-sprachenkompetenz und Vertrauen in die eigene fremdsprachliche Lernfähig-keit geweckt werden.

- Es soll die eigenständige Bewältigung von sprachlichen Problemen bei der Rezeption und Produktion von englischsprachigen Texten aller Art ermöglicht werden.
- Es soll die eigenständige Verbesserung der fremdsprachlichen Leistungen erzielt werden.

In wissenschaftlicher Hinsicht sucht die MobiDic-Studie eine Antwort auf die Frage, wie sich die Verfügbarkeit eines PEWs insbesondere auf leistungsschwache Jugendliche im Englischunterricht auswirkt. Im Detail lauten die zentralen Forschungsfragen:

- Wie wirkt sich das Angebot eines PEWs auf die Leistung in einem Leseverstehenstest aus?
- Wie wirkt sich das Angebot eines PEWs auf die Entwicklung des Wortschatzes aus?
- Welche Konsultationskompetenz bilden leistungsschwache PEW-Nutzer aus?
- Wie wirkt sich das Angebot eines im Englischunterricht verfügbaren PEWs auf die Einstellung zum Englischlernen, das Selbstkonzept als Englischlernende, die Motivation, die Einstellung zum Hilfsmittel Wörterbuch und den Gebrauch des Hilfsmittels PEW aus?
- Wie schätzen Lehrkräfte, die PEW in ihrem Englischunterricht einsetzen, den Nutzen des PEWs ein?[4]

Aufgrund der Forschungslücken liegen zu diesen Fragen bisher keine Antworten für die hier fokusierte Lernergruppe vor. Daher ist die MobiDic-Studie als explorative und hypothesengenerierende Untersuchung angelegt, die anhand verschiedener Zugriffsweisen Daten an zwei Hauptschulen und einer Gesamtschule erhebt, in denen PEW regelmäßig im alltäglichen Englischunterricht zum Einsatz kommen. Die Komplexität der MobiDic-Studie ergibt sich aus der Tatsache, dass „Fremdsprachenunterricht [...] ein durch eine Vielzahl interdependenter Faktoren konstituierter, mehrdimensionaler Wirklichkeitsbereich" (Grotjahn 2007: 493) ist. Ebenso ist die Wörterbuchbenutzung ein komplexer mehrdimensionaler Vorgang. Aus dieser Erkenntnis ergibt sich die Konsequenz,

---

4 Die Forschungsfrage zur Einschätzung der Lehrkräfte entwickelte sich erst allmählich im Verlauf des Projekts, als die Bedeutung der beteiligten Lehrerinnen und Lehrer im Forschungsprozess offenkundig wurde. Dementsprechend kann zur Beantwortung dieser Frage lediglich auf die handschriftlichen Notizen zurückgegriffen werden, die während der gemeinsamen Workshops in Form eines leitfadengestützten Gruppeninterviews systematisch angefertigt wurden.

dass diesbezügliche Forschung ebenfalls mehrdimensional ausgerichtet sein muss. Dies kann erreicht werden, indem „verstärkt polymethodologisch auf der Basis einer mehrfachen Triangulierungsstrategie" (ebd.: 497) vorgegangen wird. Deshalb werden in der MobiDic-Studie quantitative und qualitative Methoden kombiniert.

5.2 Teilnehmerinnen und Teilnehmer

Die Zielgruppe der MobiDic-Studie sind leistungsschwächere Schülerinnen und Schüler, wie sie sich mehrheitlich an Haupt- und Gesamtschulen finden. Um die Durchführbarkeit der Studie zu gewährleisten und die Verzahnung von Hochschule und lokaler Schullandschaft zu fördern, sind Kooperationsschulen in räumlicher Nähe gefunden worden. Die räumliche Nähe erleichtert die vielfältigen Datenerhebungen und ermöglicht einen engen Kontakt des Forschungsteams mit den Lehrkräften sowie die Mitwirkung von Studierenden an den Erhebungen. Eine repräsentative Stichprobenziehung ist aufgrund des explorativen Forschungsdesigns nicht erforderlich.

Die Stichprobe der MobiDic-Studie setzt sich aus 186 Schülerinnen und Schülern aus insgesamt sieben Klassen an zwei Hauptschulen und einer Gesamtschule zusammen. Die Schulen befinden sich in Stadtvierteln Wuppertals mit einem eher geringen sozio-ökonomischen Status. Dies zeigt sich an statistischen Angaben zur Beschäftigungssituation. Die durchschnittliche Arbeitslosenquote im Haupteinzugsgebiet der Schulen liegt am 31.12.2012 bei 8,83%; 21,13% der Bewohner sind Leistungsempfänger nach dem SGB II (Hartz IV) (Statistikstelle der Stadt Wuppertal 2013a). Diese Angaben liegen über dem städtischen Durchschnitt von 2011: Arbeitslosenquote 8,2%, Hartz IV 17% (Statistikstelle der Stadt Wuppertal 2013b). Der Anteil der Bevölkerung mit Migrationshintergrund in den genannten Quartieren liegt am 31.12.2012 zwischen 43,5% und 55,6% (Statistikstelle der Stadt Wuppertal 2013a) und ist damit höher als der städtische Durchschnitt von 30,2% aus 2011 (Statistikstelle der Stadt Wuppertal 2013b). Letzteres spiegelt sich in den Selbstauskünften der Schülerinnen und Schüler wider. Auf die Frage „Welche Sprachen sprichst du zuhause?" werden von 121 Probanden 23 verschiedene Sprachen angeführt[5]. 61,6% der Schülerinnen und Schüler sprechen neben Deutsch zuhause eine

---

[5] Folgende Sprachen sind aufgeführt: Albanisch, Arabisch, Armenisch, Bosnisch, Deutsch, Englisch, Französisch, Ghanaisch, Griechisch, Italienisch, Kosovarisch, Kurdisch, Lingala, Marokkanisch, Mazedonisch, Polnisch, Portugiesisch, Russisch, Spanisch, Tamilisch (Sri Lanka), Tem/Kotokoli, Togolesisch, Türkisch.

andere Sprache, 10,7% sprechen drei oder mehr Sprachen und 27,7% der Schülerinnen und Schüler sprechen zuhause nur Deutsch. Im Juni 2011 sind die Achtklässler im Durchschnitt 14,5 Jahre (SD = ,83) und zum Zeitpunkt des Post-Fragebogens im Februar 2013 16,2 Jahre alt (SD = ,92). Das Geschlechterverhältnis ist ausgewogen.

Insgesamt liegen Daten von 186 Schülerinnen und Schüler vor, die im Laufe des Projekts an mindestens einer Erhebung teilgenommen haben. Während der zweijährigen Projektlaufzeit haben sich erwartungsgemäß Zu- und Abgänge ergeben, die zu teils erheblichen Schwankungen der Probandengruppen geführt haben. Circa fünfzig Schülerinnen und Schüler gehen im Laufe der Jahrgangsstufen neun und zehn von der Schule ab, wiederholen die vorherige Klasse oder werden in einen E-Kurs hochgestuft. Weiterhin führen Umstrukturierungen von Englischkursen zu veränderten Probandenzahlen. An einer Schule etwa wird eine Vergleichsklasse wegen Schülerschwund und Erkrankung der Lehrkraft aufgelöst. Dadurch verringert sich die Stichprobe vor allem in den Vergleichskursen (PW-Nutzer). Diesem Problem wird dadurch begegnet, dass die verbleibenden Schülerinnen und Schüler auf die Klassen der Projektlehrkräfte aufgeteilt werden. Dadurch verbleibt ein größtmöglicher Anteil weiterhin im MobiDic-Projekt und kann das PEW weiter nutzen. Es wird eine Liste mit Kurswechslern erstellt, um eine Nachverfolgung bei den Post-Tests zu gewährleisten. Aus den genannten Gründen und wegen spontaner Einzelausfälle variieren die Teilnehmerzahlen von Erhebung zu Erhebung geringfügig.

5.3 Erhebungsinstrumente und Ablauf

Nachdem drei Kooperationsschulen gewonnen und rechtliche Fragen der Kooperation mit den Schulen im ersten Halbjahr 2011 geklärt werden können, beginnen im Juni 2011 die ersten Erhebungen in der Praxis. Aufgrund der Komplexität lexikalischer Konsultationshandlungen bei der PEW-Benutzung im schulischen Fremdsprachenunterricht kommt in der MobiDic-Studie ein multimethodisches Vorgehen zum Einsatz, das vorrangig die Lerner-, aber gezielt auch die Lehrerperspektive (vgl. Erhebungsinstrumente 4, 6, 10), berücksichtigt.

Tab. 5-1: Erhebungen in der MobiDic-Studie

	Erhebungsinstrument	Zeitpunkt
1	Prä-Fragebogen (allgemein) (Dissertationsprojekt Kassel)	Juni 2011
2	Prä-Leseverstehenstest	November 2011
3	Prä-Wortschatztest	November 2011
4	Leitfadengestütztes Gruppeninterview 1 mit Lehrkräften	Januar 2012
5	Fragebogen (PEW) (Dissertationsprojekt Kassel)	Februar 2012
6	Leitfadengestütztes Gruppeninterview 2 mit Lehrkräften	Juni 2012
7	Analyse von schriftlichen Lernertexten, die unter Zuhilfenahme von PEW produziert werden	Juni 2012
8	Videoaufzeichnung der PEW-Benutzung bei mündlichen und schriftlichen Aufgaben mit anschließendem Interview	Juni 2012, September 2012
9	Videoaufzeichnung der PEW-Benutzung bei einer Übersetzungsübung mit anschließendem Interview (Dissertationsprojekt Kassel)	Juni 2012, Februar 2013
10	Leitfadengestütztes Gruppeninterview 3 mit Lehrkräften	November 2012
11	Erhebung des Konsultationskorpus Englisch-Deutsch anhand der Verlaufslisten	Januar 2013
12	Post-Fragebogen (Dissertationsprojekt Kassel)	Februar 2013
13	Post-Leseverstehenstest	Februar 2013
14	Post-Wortschatztest	Februar 2013
15	Leitfadengestütztes Gruppeninterview 4 mit Lehrkräften	Juni 2013

Quantitative Daten werden mithilfe von fremdsprachenspezifischen Fragebögen, einem standardisierten Leseverstehenstest, einem standardisierten und einem weiteren Wortschatztest längsschnittlich in einem Prä-Post Design erhoben. Um Unterschiede zwischen PEW-Nutzern und PW-Nutzern untersuchen zu können, werden diese drei Erhebungen jeweils in zwei Gruppen durchgeführt.

Tab. 5-2: Längsschnittliche Erhebungen in der MobiDic-Studie

Prä-Erhebung	Post-Erhebung
Prä-Fragebogen (allgemein) (Dissertationsprojekt Kassel)	Post-Fragebogen (Dissertationsprojekt Kassel)
Fragebogen (PEW) (Dissertationsprojekt Kassel)	
Prä-Leseverstehenstest	Post-Leseverstehenstest
Prä-Wortschatztest	Post-Wortschatztest

Zusätzlich kommen qualitative Methoden zum Einsatz. Durch das Auslesen des PEW-Speichers, d.h. der Verlaufslisten der anonymisierten Geräte, wird ein Konsultationskorpus analysierbar, das über einen Nutzungszeitraum von sieben Wochen entstanden ist. Des Weiteren eröffnen die audiovisuellen Aufzeichnungen von 12 Schülerinnen und Schülern die Möglichkeit zur Analyse der Konsultationskompetenz von Lernenden. Und schließlich werden die Lehrkräfte der PEW-Klassen in vier halbstandardisierten Gruppeninterviews zu ihren Beobachtungen und Praxiserfahrungen mit dem PEW-Einsatz im regulären Englischunterricht befragt.

Die Erhebung des Prä-Fragebogens findet am Ende der achten Klasse im Sommer 2011 in den Schulen statt. Leitfäden und die Schulung aller Testleiter, die allesamt Mitarbeiter im MobiDic-Projekt sind, gewährleisten in allen Erhebungen ein hohes Maß an Durchführungsreliabilität. Alle Daten werden pseudonymisiert erhoben. Dafür schreiben die Schülerinnen und Schüler auf jeden Testbogen ein Kürzel, welches aus den letzten beiden Buchstaben des Vornamens, dem Geburtsmonat und den letzten beiden Buchstaben des Nachnamens besteht. Dieses Vorgehen gewährleistet die Vertraulichkeit der Daten und ermöglicht gleichzeitig, dass Ergebnisse verschiedener Tests aufeinander bezogen werden können. Die Zuordnung der Prä- und Postergebnisse ist nötig, um beispielsweise Signifikanztests der Mittelwertunterschiede zu berechnen.

Ab Oktober 2011 nutzen Schülerinnen und Schüler in vier Grundkursen das PEW[6] in ihrem Englischunterricht. Im Laufe des ersten halben Jahres werden fokussierte Einführungen in die Benutzung des PEWs mit den Lernenden durchgeführt. Neben den vier PEW-Kursen gibt es drei PW-Kurse, die mit PW arbeiten. Eine ausreichende Anzahl von PW steht allen Kursen zur Verfügung. Alle Schülerinnen und Schüler sind vor Beginn der MobiDic-Studie im Rahmen des regulären Englischunterrichts in den Gebrauch des PWs eingeführt worden.

Vorgaben, wie häufig das PEW im Unterricht eingesetzt werden soll, werden nicht gemacht, da die PEW-Benutzung möglichst authentisch sein soll und gerade die Einsatzmöglichkeiten, die von Lehrerinnen und Lehrern gesehen werden, von Interesse sind. In den halbjährlich stattfindenden Interviews geben die Lehrerinnen und Lehrer an, dass sie die PEW etwa ein bis drei Mal pro Woche im Unterricht zur Verfügung stellen (bei drei Unterrichtsstunden pro Woche). Die Intensität und Zielgerichtetheit der Benutzung variiert dabei vom explizit

---

6   In der MobiDic-Studie wird mit dem PW-E410 der Firma Sharp gearbeitet. Dieses PEW enthält u.a. das Langenscheidt Taschenwörterbuch Englisch-Deutsch mit ca. 120.000 Stichwörtern (vgl. ausführlich Kassel / Gießler 2012).

geforderten Gebrauch der PEW bis hin zum Angebot der PEW als optionale Hilfsmittel. In den halbjährlich stattfindenden Workshops werden die beteiligten Lehrkräfte zunächst in der Nutzung eines PEWs geschult. Danach werden auf der Grundlage eines didaktischen Rahmenkonzepts der Projektleitung gemeinsame Aufgaben entwickelt und Erfahrungen zum PEW-Einsatz reflektiert.

Die ersten Testungen finden erst statt, nachdem die Schülerinnen und Schüler sich mit den Basisfunktionen der Geräte vertraut gemacht haben. Einen Monat nach Ausgabe der PEW werden der Prä-Leseverstehenstest und der Prä-Wortschatztest durchgeführt. Sieben Wochen später werden die Lernenden mit Hilfe eines Fragebogens zu ihren ersten Erfahrungen mit dem PEW befragt. Im Laufe des Benutzungszeitraums werden weitere Erhebungen durchgeführt (vgl. Tab. 5–1). So werden die Nachschlagevorgänge einzelner Nutzer mit Hilfe eines speziell entwickelten Zwei-Kameraverfahrens aus unmittelbarer Nähe erfasst. Nach sorgfältiger Erprobung des Vorgehens werden Nachschlagevorgänge und die Interaktionen von insgesamt 12 Schülertandems mit einer Videokamera sowie mit einem Audioaufnahmegerät aufgezeichnet. Dieses innovative Verfahren (vgl. Kapitel 5.3.3) kann in forschungsmethodologischer Hinsicht als beispielgebend für die lexikographische Benutzerforschung angesehen werden, weil es detaillierte Einblicke in den Nachschlagevorgang ermöglicht (vgl. Kapitel 6.4).

Im zweiten Halbjahr der Klasse 10 werden die Post-Erhebungen mit den gleichen Tests wie in den Prä-Erhebungen durchgeführt. Aufgrund der anderthalbjährigen Zeitspanne können Wiedererkennungseffekte weitestgehend ausgeschlossen werden. Die Tests der Prä-Erhebungen werden nicht mit den Schülerinnen und Schülern besprochen, sodass sie keine Kenntnis der Lösungen haben. Einzelne Schüleräußerungen während der Post-Erhebung zeigen, dass sich Einzelne zwar an die Testsituation, nicht jedoch an die Testitems erinnern. Mit dem Abschluss der 10. Klasse endet die PEW-Benutzung an den Kooperationsschulen.

5.3.1 Zur Konstruktion des Leseverstehenstests[7]

Die folgenden Erläuterungen zu dem Leseverstehenstest, der in der MobiDic-Studie zum Einsatz kommt, knüpfen an die theoretischen und empirischen Ausführungen zum Leseverstehen in Kapitel 4 an. In jenem Teil der MobiDic-Studie, der das Lesen mit einem PEW untersucht, lautet die übergreifende Forschungsfrage: Wie wirkt sich das Angebot eines PEWs langfristig auf die Leseleistungen

---

7 Die nachfolgende Darstellung zum Leseverstehen orientiert sich an den Ausführungen in Diehr / Gieseler / Kassel (2013).

von Englischlernern der Mittelstufe aus? Zur Beantwortung dieser Frage werden die Punktwerte, die Nachschlagehäufigkeit, das Nachschlageverhalten und die Bearbeitungsdauer im Leseverstehenstest untersucht. Es werden Prä-Post-Vergleiche der Testergebnisse, die im 1. Halbjahr der 9. Jahrgangsstufe ermittelt werden, mit denen des 2. Halbjahrs der 10. Jahrgangstufe angestellt (vgl. Tab. 5–2). Sie ermöglichen es, die Leistungen vor Beginn der regelmäßigen PEW-Nutzung mit denen nach achtzehnmonatigem PEW-Einsatz in Beziehung zu setzen. Zudem werden die Leistungen von Lernern, die das PEW zur Verfügung haben, mit denen, die ein PW nutzen, verglichen. Aufgrund der in Kapitel 4 skizzierten Befunde aus Studien mit erwachsenen Fremdsprachenlernern stand am Beginn der MobiDic-Studie die Annahme, dass die eher leistungsschwachen Probanden durch den PEW-Gebrauch ihre Leseverstehenskompetenz im Post-Test verbessern und dass sie langfristig ihre Fähigkeiten zum Inferieren aufgrund eines gewachsenen Wortschatzumfangs steigern.

Als Messinstrument für die Erfassung des Leseverstehens kommt der standardisierte Diagnostiktest *Access Reading Test* (ART) zum Einsatz, der in britischen Schulen verwendet wird (Crumpler / McCarty 2006). Er wird vor dem Einsatz in der MobiDic-Studie im Vergleich mit anderen Lesetests analysiert und evaluiert (Gieseler 2012). Der für Muttersprachler konzipierte ART wird mit Lernern einer Gesamtschule in Deutschland erprobt und mit dem *Key English Test* (KET) (UCLES 2004), einem der standardisierten *Cambridge ESOL Exams* für die Niveaustufe A2, verglichen. Wortfrequenzanalysen[8] für beide Tests sowie die Auswertung der Pilotierungsergebnisse zeigen, dass der ART einen höheren Anteil unbekannten Vokabulars enthält als der KET. In den Pilotierungen löst der ART erwartungsgemäß mehr Nachschlagehandlungen aus als der KET, sodass die Wahl auf den ART fällt. Die Tatsache, dass der ART somit einen höheren Nachschlagebedarf evoziert, macht ihn für die in dieser Untersuchung relevanten Fragestellungen und die Zielgruppe deutscher Englischlernender zu einem geeigneteren Testinstrument als den KET, der speziell auf die lexikalischen Inventare von Lernenden auf A2 Niveau abgestimmt ist.

Da der ART den lesetheoretischen Ansprüchen in der MobiDic-Studie am besten entspricht, wird auf dieser Grundlage die für Fremdsprachenlerner gekürzte und adaptierte Fassung (ART-A = *Access Reading Test* Adaptiert) entwickelt, in einem mehrphasigen Pilotierungsprozess erprobt (Gieseler 2012) und anschließend in dem o. g. Prä-Post-Design eingesetzt, um mögliche Leistungszuwächse

---

8 Die Wortfrequenzanalysen wurden mit dem Online-Programm „Web Vocabprofile" vorgenommen (vgl. Cobb o. J.).

zu ermitteln. Der Test wird zu beiden Zeitpunkten von beiden Gruppen (PEW-Nutzer und PW-Nutzer) bearbeitet, um neben möglichen Zuwächsen potenzielle Unterschiede zwischen den Gruppen und ihren Leistungsentwicklungen zu erfassen.

ART-A enthält 21 Testitems in vier Testteilen, die das basale Textverstehen (LC = *Literal Comprehension*), die Worterkennung (VO = *Vocabulary*), das Inferieren auf Satzebene (IN = *Inference*) und das Inferieren auf Textebene (AN = *Analysis*) erfassen. Da der Test bei Fremdsprachenlernern eingesetzt wird, muss gewährleistet werden, dass die Testanleitung zweifelsfrei verstanden wird. Aus diesem Grund werden knappe Aufgabenstellungen auf Deutsch erstellt. Dem Forschungsinteresse der MobiDic-Studie entsprechend muss zudem sichergestellt werden, dass der Wörterbuchgebrauch während des Tests erfasst und zur Leseleistung in Beziehung gesetzt werden kann. Um den Wörterbuchgebrauch während des Lesetests zu erfassen, werden die Probanden aufgefordert, alle Wörter einzukreisen, die sie im Wörterbuch nachschlagen. Diese Methode können PEW- und PW-Nutzer in gleichem Maße anwenden. Sie wird in der überwiegenden Mehrzahl aller Studien zum Lesen mit PEW genutzt, in denen die Nachschlagehäufigkeit quantitativ erfasst wird (vgl. z. B. Koyama / Takeuchi 2007). Die Teilnehmer haben zur Testbearbeitung 40 Minuten Zeit.

Der Nachschlagebedarf der Probanden wird durch den lexikalischen Abgleich des Test-Wortmaterials mit dem Lehrwerkswortschatz mithilfe von Cobbs *Vocabprofile* (Cobb o. J.) eingeschätzt. Das Ergebnis des Abgleichs des im ART-A enthaltenen Wortschatzes mit dem Lehrwerkswortschatz zeigt, dass in jedem Testteil Nachschlagebedarf besteht, da mit keinem Lehrwerk die kritische Abdeckung von 95–98% erreicht wird. Der Anteil der Wörter, die den Probanden der MobiDic-Studie am Ende der achten Klasse vermutlich nicht bekannt sind, weil sie in den Lehrwerken der Kooperationsschulen nicht enthalten sind, beträgt im Testteil LC 17%, im Testteil VO 42%, im Testteil IN 13% und im Testteil AN 20% (vgl. Gieseler 2013: 40). Es kann daher angenommen werden, dass der Nachschlagebedarf in den Testteilen LC und IN am geringsten und in den Testteilen VO und AN am höchsten ist. Ein ähnliches Verhältnis zeigt sich bezüglich der frequenziellen Abdeckung des Grundwortschatzes: Die Abdeckung dieser hochfrequenten Lexeme beträgt insgesamt im Testteil LC 94% und im Testteil IN 100%. Im Testteil AN entstammen 92% und im Testteil VO nur 81% der Lexeme dem Wortschatz der 2000 am häufigsten benutzten Wörter des Englischen (vgl. Gieseler 2013: 41f.). Die Anteile an niedrigfrequenten Wörtern fallen dementsprechend in den Testteilen VO und AN am höchsten aus, sodass hier von dem höchsten Nachschlagebedarf auszugehen ist.

Die Aufgaben orientieren sich thematisch an der Alltags- und Erfahrungswelt der jugendlichen Probanden und sind in vier Testteile gruppiert. Im Testteil LC (*Literal Comprehension*) für basales Textverstehen müssen dem Text die explizit genannten Informationen entnommen werden, um *multiple-choice*-Aufgaben zu bearbeiten. In den Testteilen IN (*Inference*) und AN (*Analysis*) werden die Fähigkeiten im Inferieren bzw. konstruktiven Textverstehen überprüft.[9] Im Testteil IN (*Inference*) müssen Meinungen und Einstellungen fiktiver Personen zu einem Alltagsthema (Kinderbetreuung im Kindergarten oder zuhause) inferiert werden. Die Meinungen sind in direkter Rede in Sprechblasen dargestellt und müssen mit kurzen Aussagen in Satzform abgeglichen werden. Der Testteil AN (*Analysis*) erfordert Inferieren von indirekt formulierten Sachinformationen sowie emotionalen Reaktionen und Wertungen in einem kurzen Lesetext über einen Fuchs, der in eine Falle geraten ist. Dabei müssen Aussagen im Alternativ-Antwort-Verfahren (*agree, disagree, does not say*) korrekt angekreuzt werden (vgl. Crumpler / McCarty 2006). Im Testteil VO (*Vocabulary*), der besonders viele Wörter enthält, die den Teilnehmern unbekannt sind, steht abweichend vom Original-ART nicht das Wortschatzwissen selbst, sondern die Messung des Wörterbuchgebrauchs im Vordergrund. Hier muss für einen im Satzzusammenhang dargebotenen Begriff ein passendes Synonym aus vier Lösungsmöglichkeiten ausgewählt werden. Die Distraktoren sind niedrigfrequente Wörter, die den Probanden kaum bekannt sein dürften, wie der Abgleich mit dem Wortschatz des eingeführten Lehrwerks zeigt. Da die Probanden im Testteil VO nicht inferieren können, sind sie auf ihr Wortwissen und das Wörterbuch angewiesen. Mit der Erhebung des basalen Textverstehens (LC) und des konstruktiven Leseverstehens durch Inferieren (IN und AN) erfasst der adaptierte ART zwei Lesekompetenzen, die sich vom Komplexitätsniveau her unterscheiden. Es lässt sich untersuchen, inwiefern der Wörterbuchgebrauch als Lesestrategie das basale Textverstehen und das wesentlich anspruchsvollere Inferieren unterstützen kann. Bei den eher leistungsschwachen Teilnehmerinnen und Teilnehmern der MobiDic-Studie werden zu Beginn des Untersuchungszeitraums bezüglich des basalen Leseverstehens (Testteil LC) eher durchschnittliche und bezüglich des Inferierens (Testteile IN und AN) hauptsächlich Ergebnisse mit geringen Punktwerten erwartet.

---

9   Im Original-ART werden die in diesen Testteilen getesteten Lesefähigkeiten als *comprehension requiring inference or prediction and opinions* sowie *comprehension requiring analysis* bezeichnet. Da in beiden Testteilen Inferenzbildungen zur Bearbeitung des Tests notwendig sind, werden diese im MobiDic-Projekt beide dem Bereich des konstruktiven Textverstehens durch Inferieren zugeordnet.

Insgesamt kann davon ausgegangen werden, dass das Testkonstrukt des ART-A Leseverstehenstests die Forschungsziele der MobiDic-Studie im Bereich Lesen umfassend abdeckt (vgl. auch Gieseler 2013: 53), über eine hohe Konstruktvalidität verfügt, einen Prä-Post-Vergleich sowie einen PEW-PW-Vergleich ermöglicht.

5.3.2 Zur Konstruktion der Wortschatztests

Die Entwicklung der Wortschatzkenntnisse wird mit Hilfe von zwei Instrumenten erfasst. Zum einen wird der standardisierte Wortschatztest *Vocabulary Size Test* (VST) (Nation / Beglar 2007) eingesetzt, der auf Frequenzlisten des Englischen beruht, die aus dem *British National Corpus* gewonnen werden. Zum anderen wird ein eigens entwickelter Lehrwerkswortschatztest (LWT) verwendet, der auf den Wörterlisten der Lehrwerke beruht, die in den Kooperationsschulen benutzt werden. Der VST misst den rezeptiven Gesamtwortschatz verteilt auf vierzehn Frequenzniveaus mit jeweils zehn Lexemen. Für ein im Satzzusammenhang gegebenes Wort wählt der Proband aus vier möglichen Definitionen bzw. Synonymen die passende Bedeutung des Wortes aus.

Obwohl die Validität des VST bestätigt ist (Beglar 2010), argumentieren Nguyen und Nation (2011), dass bilinguale Versionen des Tests die Validität des Tests erhöhen, weil Testnehmer sich auf die Bedeutung des Zielwortes konzentrieren können und nicht zusätzlich englische Definitionen lesen und verstehen müssen. Daher liegen mittlerweile bilinguale Fassungen des Tests für Koreanisch, Japanisch, Mandarin, Russisch und Vietnamesisch vor, aber noch keine deutsche Version. Für die MobiDic-Studie wird – in Anlehnung an die Vorgehensweise bei der Erstellung des VST für Vietnamesisch (Nguyen / Nation 2011) – erstmals eine bilinguale Version des VST für Deutsch erstellt.[10]

Aus Gründen der Durchführbarkeit und des zu erwartenden niedrigen Leistungsniveaus der Schülerinnen und Schüler wird der VST in gekürzter Form mit jeweils fünf Items für die Frequenzniveaus 1–5k eingesetzt. Die eingesetzte Version des VST mit 25 Testitems mit deutschen Antwortoptionen wird vor dem Einsatz von Muttersprachlern geprüft und pilotiert. Für jede richtige Antwort wird ein Punkt vergeben, sodass maximal 25 Punkte erreicht werden können.

---

10 Der eingesetzte bilinguale englisch-deutsche VST befindet sich in Anhang 1.

1.	SEE: They **saw** it.
a.	schnitten
b.	erwarteten
c.	sahen
d.	begannen

New York is the **biggest** city in the USA.
= größte

Da die Testwörter des VST auf Frequenzlisten beruhen, ist nicht sichergestellt, dass die Schülerinnen und Schüler diesen Lexemen tatsächlich im Unterricht begegnen. Daher wird zusätzlich ein Lehrwerkswortschatztest (LWT) eingesetzt, der auf den Wortlisten der Lehrwerke basiert und damit den lexikalischen Inventaren der Schülerinnen und Schüler näherkommt. Da an den drei Kooperationsschulen drei verschiedene Lehrwerke zum Einsatz kommen, werden auch drei verschiedene LWT konstruiert. Das Sampling der Testitems aus den Lehrwerkswortlisten der 5.-10. Klasse erfolgt nach dem Zufallsprinzip, welches durch zwei Regeln ergänzt wird:

• Es werden jeweils sechs Lexeme pro Schuljahr ausgewählt.

• Lehnworte und Kognaten in Bezug auf das Deutsche werden in dem Maße in den Test übernommen, wie sie auch im Lehrwerk vorkommen.

Im Ganzen besteht der LWT aus 54 Testlexemen, die jeweils in einen englischen Satz mit wenig Kontextinformation eingebettet sind (vgl. Abb. 5-1). In Anlehnung an das von Siepmann und Holterhof (2007) entwickelte Verfahren müssen die Probanden das markierte Lexem adäquat übersetzen. Das Testformat wird zunächst mit Schülerinnen und Schülern pilotiert, bevor es in der MobiDic-Studie zum Einsatz kommt. In der Auswertung wird auch partielles Wissen der Schülerinnen und Schüler berücksichtigt.

• 3 Punkte: Das Lexem ist adäquat übersetzt und wird mit den passenden Flexionen korrekt wiedergegeben.

• 2 Punkte: Das Lexem ist richtig übersetzt, aber nicht flektiert oder die Bedeutung wird nicht genau beschrieben.

• 1 Punkt: Das Lexem gehört zur Wortfamilie der adäquaten Lösung (z.B. „anrufen" anstelle von „Anrufer") oder ist eine enge Assoziation (z.B. „Spiele" anstelle von „Spielzeug").

Die maximal zu erreichende Punktzahl beträgt 162. Rechtschreibfehler werden nicht gewertet. Die beiden Teile des Wortschatztests, VST und LWT, werden jeweils unmittelbar im Anschluss an die Leseverstehenstests durchgeführt. Zu beiden Messzeitpunkten werden dieselben Wortschatztests benutzt. Aufgrund des zeitlichen Abstands der beiden Messzeitpunkte sind Wiedererkennungseffekte durch den Prä-Test höchst unwahrscheinlich. Für den Zeitraum von anderthalb Jahren ist unabhängig vom eingesetzten Wörterbuchmedium prinzipiell von Wortschatzzuwächsen auszugehen.

5.3.3 Zur Konstruktion der Videostudie

Mit dem Zwei-Kamera-Verfahren wird eine 90-minütige Partnerarbeit von 12 Schülerinnen und Schülern am Ende der 9. Klasse aufgezeichnet. Eine Kamera nimmt die Partnerarbeit der Schüler frontal auf. Eine weitere Kamera ist aus der Vogelperspektive auf das auf dem Tisch liegende PEW gerichtet. Sie nimmt alle Konsultationshandlungen am PEW auf. Jeweils einer der Partner stammt aus einer PEW-Klasse und ist mit dem Gerät seit Beginn des Schuljahres vertraut (PEW-Experte); der andere Partner ist eine Schülerin oder ein Schüler der Papierwörterbuchklasse und hat noch nicht mit einem PEW gearbeitet (PEW-Novize). Der PEW-Experte erhält die Aufgabe, dem PEW-Novizen das Gerät in seinem Aufbau und seiner Funktion zu erklären. Als möglichen Konsultationsanlass bekommen die Schülerinnen und Schüler einen Beispielsatz mit unbekannten Wörtern. Im Anschluss daran verfassen die Schülertandems einen kurzen Text, in dem sie ihre Schule beschreiben. Die Erhebung schließt mit einem leitfadengestützten Interview zur PEW-Benutzung. Die in den unterschiedlichen Phasen der Erhebung entstandenen gesprochenen Texte werden in Anlehnung an die Konventionen des GAT 2-Minimaltranskripts (vgl. Selting et al. 2009) transkribiert und nach dem Verfahren der inhaltlich strukturierenden Inhaltsanalyse (vgl. Mayring 2010: 602) ausgewertet. Das Konsultationsmodell von Engelberg und Lemnitzer (2009) dient als Grundlage für die deduktive Kategorienbildung. Die videographierten Konsultationen, also die Handlungen am PEW, werden ebenfalls schriftlich erfasst und mit den Äußerungen der Schülerinnen und Schüler abgeglichen.

5.3.4 Zur Konstruktion der Fragebogenstudie

Fragebögen kommen in der Wörterbuchbenutzungsforschung häufig zum Einsatz (vgl. u.a. zu PEW: Boonmoh 2010, Bower / McMillan 2007, Chen 2010, Koyama / Takeuchi 2005a). Trotz der Kritik, dass der Fragebogen nur die Selbsteinschätzungen der Probanden erfasst, ist die Fragebogenmethode geeignet um zu erfassen, wie sich Benutzungsgewohnheiten über einen längeren Zeitraum ändern oder entwickeln (Lew 2002). In der MobiDic-Studie kommen Fragebögen mit geschlossenen Fragen zum Einsatz, um Erkenntnisse über Benutzungshäufigkeit und Benutzungsgelegenheiten zu gewinnen. Bei diesen Fragen müssen die Schülerinnen und Schüler ihre Benutzungsgewohnheiten reflektieren. So müssen sie etwa bei Fragen nach der Benutzungshäufigkeit Durchschnittsangaben zu ihren Konsultationen machen, wenn sie zwischen den Antworten 'ein paar Mal pro Woche', 'ein paar Mal pro Monat', 'ein paar Mal pro Jahr' oder 'nie' wählen müssen. Diese Entscheidung stellt für einige Lerner eine kognitive Herausforderung dar, die die Reliabilität der Ergebnisse einschränken könnte. Weiterhin ist zu beachten, dass die Selbstauskünfte der Schülerinnen und Schüler auch von Faktoren wie sozialer Erwünschtheit beeinflusst sein können. Andere, mit der Erhebungssituation zusammenhängende Einflussfaktoren werden durch einen festgelegten Ablauf, durch genaue Instruktionen und durch die Schulung der Testleiter in allen Erhebungen bestmöglich vermieden. So wird versucht, eine möglichst hohe Durchführungsreliabilität sicher zu stellen.

Methodisches Vorgehen zur Erfassung der Einstellung zu Wörterbüchern

Einstellungen sowohl zur Fremdsprache als auch zur Lernumgebung und den Gegenständen des Unterrichts sind wichtige Einflussfaktoren des Sprachenlernens (Ortega 2009: 171f.). Erkenntnisse aus der Sozialpsychologie zeigen, dass Einstellungen unser Handeln beeinflussen (Haddock / Maio 2007: 222). Im Hinblick auf den Englischunterricht bezeichnen Klippel und Doff (2009: 34) das Wecken von positiven Einstellungen in Bezug auf das Fremdsprachenlernen zu Recht als ein Ziel des Englischunterrichts. Daher ist davon auszugehen, dass die Einstellung auch eine wichtige Komponente für die Wörterbuchbenutzung ist. Auf Grund der allgemeinen Bedeutung von Einstellungen und Haltungen für das Fremdsprachenlernen und der mangelnden Übertragbarkeit der Forschungsergebnisse mit asiatischen Studierenden auf Schülerinnen und Schüler in Deutschland wird für die MobiDic-Studie eine Teilstudie konzipiert, welche die Einstellungen der Lernenden zu PEW und PW zum Gegenstand hat (Kassel i. V.). Das Konstrukt 'Einstellung zu Wörterbüchern' ist primär kognitiv ausgerichtet und basiert auf der Vorstellung einer Aufwand-Nutzen-Rechnung. Das Konstrukt orientiert sich am Multi-Komponentenmodell (Eagly / Chaiken 1993, Zanna / Rempel 1988) und Erwartung-Wert-Modellen der Motivationspsychologie (Eccles et al. 1983). Einstellung wird hier definiert als die reflektierte Haltung gegenüber der Wörterbuchbenutzung, die mit einer Wertung verbunden ist; diese Wertung wiederum ergibt sich aus der Zuschreibung eines Nutzens der Wörterbuchverwendung und dem Abwägen des zu betreibenden Aufwands der Benutzung. Um zu erfassen, welchen Nutzen Schülerinnen und Schüler der Wörterbuchbenutzung zuschreiben, werden sie beispielsweise gefragt, ob sie sich Hilfe vom Nachschlagen versprechen. Für die Erfassung des Aufwands der Wörterbuchbenutzung werden sie zum Beispiel nach dem materiellen, ideellen und zeitlichen Aufwand befragt.

Fragebögen mit geschlossenen Items sind die klassische Methode um Einstellungen zu erheben (Haddock / Maio 2007: 207). Die Einstellung der Probanden wird im MobiDic-Projekt mit Hilfe einer vierstufigen Zustimmungs-Ablehnungs-Skala gemessen. Für die Konstruktion des Fragebogens werden zwei Multi-Item-Skalen entwickelt, die einer Faktorenanalyse und einer Reliabilitätsanalyse unterzogen werden. Die Variable 'Nutzen der Wörterbuchbenutzung', bestehend aus sechs Items, sowie die Variable 'Aufwand der Wörterbuchbenutzung', bestehend aus vier Items, erweisen sich als valide und reliabel (für eine genauere Darstellung vgl. Kassel i. V.). Für die Interpretation der Ergebnisse ist zu beachten, dass grundsätzlich ein höherer Wert für höhere Zustimmung steht. Das gilt auch für die Variable 'Aufwand der Wörterbuchbenutzung'. Je höher der ermittelte Wert desto positiver fällt die Einschätzung aus, d. h. als desto weniger aufwandintensiv wird die Wörterbuchbenutzung erachtet.

Methodisches Vorgehen zur Erfassung der Lernmotivation

Angelehnt an die DESI-Studie (vgl. Helmke et al. 2008) wird die Lernmotivation mit einem Fragebogen anhand von zwei Variablen erfasst: 'Einstellung zum Englischlernen' bzw. 'Lerninteresse' (vgl. Helmke et al. 2008: 245) und 'akademisches Selbstkonzept'. Das akademische Selbstkonzept bezeichnet „das deklarative Wissen über die eigenen Kompetenzen und die eigene Leistungsfähigkeit" (Wagner et al. 2008: 231) in Bezug auf das Fach Englisch. Das akademische Selbstkonzept setzt sich zusammen aus den Subskalen 'Fähigkeit für das Fach Englisch' sowie 'Selbstwirksamkeit', wobei Letzteres auch die subjektiv empfundene Zuversicht hinsichtlich des erfolgreichen Bearbeitens von Aufgaben einschließt (vgl. Brüll 2010: 22). Auf Basis der im DESI-Handbuch enthaltenen Ergebnisse zur Reliabilität wird die Zahl der Items geringfügig reduziert: 'Einstellung zum Englischlernen' wird in der MobiDic-Studie mit sechs Items, das 'akademische Selbstkonzept' mit zwölf Items erfasst. Die Schülerinnen und Schüler können ihre Zustimmung zu Aussagen wie „Ich finde das Fach Englisch wichtig" (Einstellung zum Englischlernen) oder „Wenn ich mir in Englisch Mühe gebe, dann kann ich es auch" (akademisches Selbstkonzept) auf einer vierstufigen Skala ausdrücken. Zur Überprüfung der Konstrukte werden eine explorative Faktorenanalyse und eine Reliabilitätsanalyse mit den Daten des Prä-Fragebogens (N = 162) durchgeführt. Die Ergebnisse bestätigen die Güte der Variablen (für eine genauere Darstellung vgl. Kassel i. V.).

6 Forschungsergebnisse

Die MobiDic-Studie strebt einen mehrdimensionalen Blick auf die Wörterbuchnutzung an und realisiert dies in einem multimethodischen Ansatz. Durch die Vielzahl der eingesetzten Instrumente (vgl. Kapitel 5.3) ist es gelungen, den schulischen Einsatz von PEW sowohl aus der Sicht der Schülerinnen und Schüler als auch der Lehrerinnen und Lehrer zu beleuchten. Quantitative Befunde aus den Sprachtests werden mit qualitativen Daten (z.B. Videoaufzeichnungen der PEW-Benutzung) kombiniert.

Das reichhaltige Datenspektrum lässt Aussagen zum Effekt, zur Benutzung und zur Wahrnehmung von PEW zu. Im Folgenden werden zunächst die Ergebnisse der Sprachtests (vgl. Kapitel 6.1, 6.2 und 6.3) dargestellt. Daran schließen sich Erkenntnisse zur PEW-Benutzung an, die mithilfe der Analysen der Videoerhebungen und der Konsultationskorpora gewonnen werden (vgl. Kapitel 6.4). Die Fragebögen ermöglichen ergänzende Aussagen zur Wörterbuchbenutzung der Schülerinnen und Schüler (vgl. Kapitel 6.6.1). Ergebnisse zur Einstellung zu Wörterbüchern (vgl. Kapitel 6.6.2 und 6.6.3) und zur Entwicklung der Lernmotivation (vgl. Kapitel 6.6.4) basieren ebenfalls auf Selbstauskünften der Schülerinnen und Schüler in den Fragebögen. Das Kapitel endet mit einer Darstellung der Lehrerperspektive auf PEW im Englischunterricht der 9. und 10. Klasse (vgl. Kapitel 6.7).

Für die Auswertung und Darstellung der quantitativen Daten aus den Leseverstehenstests, den Wortschatztests und den Fragebögen werden unterschiedliche statistische Verfahren verwendet. Sofern die Normalverteilung der Daten gegeben ist, wird der t-Test als parametrisches Verfahren zur Untersuchung von Mittelwertunterschieden angewendet. Dadurch kann festgestellt werden, ob Mittelwertunterschiede signifikant, also nicht zufällig, sind. Um die Werte besser beurteilen zu können, wird zusätzlich die Effektstärke r angegeben, wobei $r = 0,1$ als kleiner, $r = 0,3$ als moderater und $r = 0,5$ als starker Effekt gilt (vgl. Lowie / Seton 2013: 64). Die Bedingung der Normalverteilung wird jedoch nicht von allen der vorliegenden Datensätze erfüllt. In diesen Fällen werden non-parametrische Rechenverfahren verwendet. Der Durchschnitt wird mit dem Median erfasst und zur Korrelationsberechnung wird Spearman-Rho genutzt (vgl. Cohen et al. 2011: 627, 630f). Für die deskriptive Datendarstellung werden Boxplots genutzt, die wegen ihrer geringen Bekanntheit kurz erklärt werden. Boxplots stellen sowohl den Mittelwert als auch die Verteilung der Ergebnisse in einer Stichprobe dar. Für den Mittelwert wird der Median errechnet, der am vertikalen Strich in jeder

Box abgelesen wird. Es handelt sich also um ein nicht-parametrisches Verfahren, welches robust gegen Ausreißer ist. Es kann daher vom arithmetischen Mittelwert abweichen. Die Verteilung der Daten wird anhand der Quartile gezeigt. Quartile teilen die Ergebnisse der Stichprobe in vier Teile auf. Das untere Quartil repräsentiert 25% der Fälle mit den schlechtesten Ergebnissen. Die äußeren Quartile werden durch die T-förmigen Striche oberhalb und unterhalb der Box angezeigt und werden Whiskers genannt. Die Box repräsentiert die beiden mittleren Quartile der Stichprobe. Ausreißer, die aus der Bewertung entfernt wurden, werden durch einen kleinen Kreis, extreme Ausreißer durch ein Sternchen visualisiert (vgl. u. a. Grum 2012: 275). Anstelle des Mittelwertvergleichs mittels des t-Tests werden bei Datensätzen ohne Normalverteilung Rangsummentests genutzt (vgl. Bühner / Ziegler 2009: 264ff.). Bei abhängigen Stichproben – hierzu gehören längsschnittliche Prä-Post-Vergleiche – wird der Wilcoxon-Test genutzt. Bei unabhängigen Stichproben, wenn also die PW-Gruppe und die PEW-Gruppe bezüglich eines Erhebungszeitpunkts verglichen werden, wird der Mann-Whitney-U-Test eingesetzt. Bei diesen Tests geht es darum festzustellen, ob Unterschiede signifikant sind. Für diese Tests wird die Effektstärke ϕ berechnet, für die die oben für r genannten Grenzwerte gelten (vgl. ebd.: 266).

6.1 Ergebnisse des Leseverstehenstests: Leistung, Nachschlagehäufigkeit und Bearbeitungsdauer[11]

Die Ergebnisse des Leseverstehenstests (LVT) werden im Folgenden bezüglich der erreichten Punktzahl, der Bearbeitungszeit und der Nachschlagehäufigkeit dargestellt. Die Ergebnisse zur Nachschlagehäufigkeit basieren auf Selbstauskünften der Probanden, d.h. die Anzahl der von den Probanden eingekreisten Lexeme. Ein Abgleich der im PEW abgespeicherten Suchwörter mit der Zahl der eingekreisten Wörter ergibt, dass die tatsächliche Rate von nachgeschlagenen Wörtern um ca. 25% über der Anzahl eingekreister Wörter liegt.

Punktwerte und Nachschlagehäufigkeit im Prä-Post-Vergleich

Beide Nutzergruppen (PEW und PW) erzielen im Post-Test einen höheren Punktwert, was darauf schließen lässt, dass sie ihre Leseleistung im Untersuchungszeitraum verbessert haben (vgl. Abb. 6–1). In der PEW-Gruppe verändert sich der Median von 12 auf 13 Punkte. Diese Veränderung ist hoch signifikant

---

11 Die nachfolgende Darstellung zu den Ergebnissen des Leseverstehenstests orientiert sich an den Ausführungen in Diehr et al. (2013).

und hat mit $\phi = ,42$ eine mittelhohe Effektstärke (Wilcoxon-Test: p = ,008; z = -2,656; $\phi = ,42$ (zur Errechnung der Effektstärke ϕ für nonparametrische Verfahren vgl. Bühner / Ziegler 2009: 265f.)). Die von der PW-Gruppe erreichte Punktzahl verändert sich signifikant von 10 auf 13 Punkte (Wilcoxon-Test: p = ,045; z = -2,004; $\phi = ,42$). Die PEW-Nutzer schneiden im Prä-Test besser ab als die PW-Nutzer, aber dieser Unterschied ist nicht signifikant (geprüft mit dem nonparametrischen Mann-Whitney-U-Test). Im Post-Test sind die Mediane beider Gruppen identisch. Die arithmetischen Mittelwerte liegen jedoch in der PEW-Gruppe etwas höher als in der PW-Gruppe (Mittelwerte im Post-Test: PEW: 12,9; PW: 11,7).

Eine detaillierte Analyse der nachgeschlagenen Lemmata im Prä-Test (Gieseler 2013) zeigt zunächst, dass das Nachschlageverhalten der Probanden dem ermittelten Nachschlagebedarf entspricht. Das bedeutet, dass Schülerinnen und Schüler in den Testteilen mehr nachschlagen, in denen auch weniger Wörter dem Lehrwerk entstammen. Darüber hinaus zeigt die Auswertung der Daten auch, dass die Anteile der ermittelten Nachschlagehäufigkeit in beiden Gruppen eine ähnliche Verteilung auf die Testteile aufweisen.

Der Prä-Post-Vergleich (vgl. Abb. 6–1) lässt darauf schließen, dass beide Gruppen, die Nutzer der PEW wie auch die Nutzer der PW, ihre Leseleistung im Untersuchungszeitraum verbessern, da beide Gruppen in der Post-Testung eine höhere Lösungsquote erreichen. Gleichzeitig nimmt das Nachschlageverhalten in beiden Gruppen ab (vgl. Abb. 6–2), sodass angenommen werden kann, dass sich der Wortschatz in beiden Gruppen erweitert hat (vgl. auch Ergebnisse des Wortschatztests in Kapitel 6.3).

Die Befürchtung, dass die Verfügbarkeit eines PEWs bei Lernenden zu einer Abhängigkeit von dem Hilfsmittel und zu übermäßigen und unkritischen Konsultationen führt, kann aufgrund dieser Befunde entkräftet werden. Es scheint vielmehr, dass die Schülerinnen und Schüler das PEW nach der anderthalbjährigen Benutzungszeit reflektierter einsetzen. Im PEW-PW-Vergleich fällt auf, dass die PEW-Nutzer zu beiden Messzeitpunkten im Leseverstehenstest besser abschneiden als die PW-Nutzer. Hierbei handelt es sich jedoch um nicht-signifikante Mittelwertunterschiede.

Beide Gruppen schlagen im Post-Test weniger Wörter nach. Die Nachschlagehäufigkeit ist in beiden Gruppen im Vergleich zum Prä-Test rückläufig (vgl. Abb. 6–2 und 6–4). Die PEW-Nutzer schlagen im Prä-Test durchschnittlich 15 Lexeme nach. Im Post-Test liegt der Median noch bei 11 Lexemen. Die Abnahme ist hoch signifikant und zeigt eine hohe Effektstärke (Wilcoxon-Test: p<,001; z = -3,589; $\phi = ,56$). Zusätzlich wird im Post-Test bei 27 Schülerinnen und Schülern erhoben, wie viele Wörter in der PEW-Verlaufsliste gespeichert sind. Der Median liegt hier bei 17 Lexemen. Der Unterschied zur durchschnittlichen Anzahl der eingekreisten Wörter ist zum Teil dadurch zu erklären, dass für eine Einkreisung teilweise mehrere Lexeme im PEW aufgerufen wurden. In den Verlaufslisten sind jedoch auch Lexeme gespeichert, die im Test nicht eingekreist wurden. Die PW-Nutzer schlagen im Prä-Test durchschnittlich 12 und im Post-Test 9 Lexeme nach. Hierbei handelt es sich um eine signifikante Veränderung (Wilcoxon-Test: $p = ,027$; $z = -2,211$; $\phi = ,46$). Zu beiden Erhebungszeitpunkten schlagen die PEW-Nutzer signifikant mehr Lexeme nach als die PW-Nutzer (Mann-Whitney-U-Tests: Prä-Test: $p = ,039$; $U = 324,500$; $\phi = ,32$; Post-Test: $p = ,055$; $U = 334,500$; $\phi = ,40$). Beide Nutzergruppen schlagen im Post-Test weniger nach als im Prä-Test, die Abnahme ist in der PEW-Gruppe jedoch stärker.

Abb. 6–1: Punktwerte im Leseverstehenstest

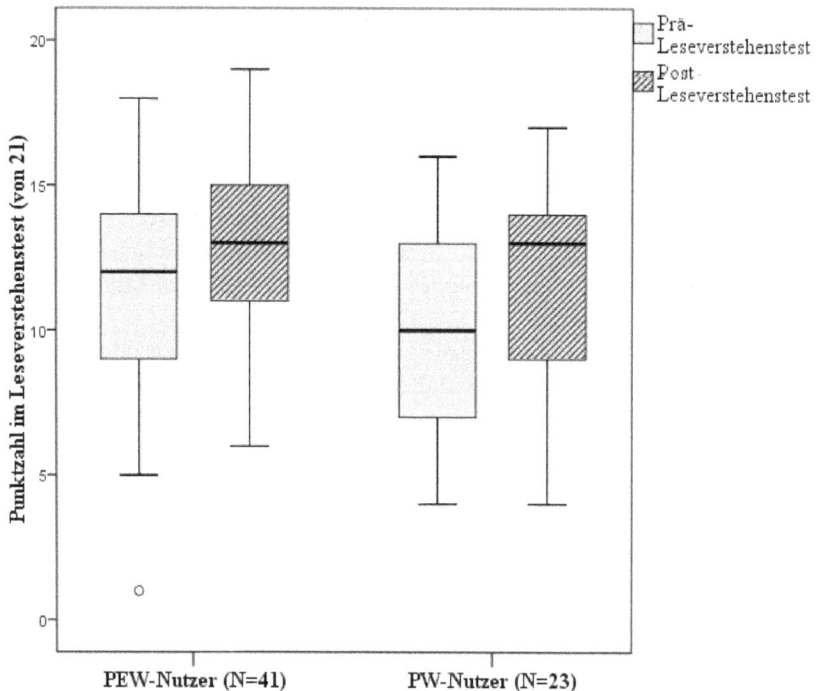

Abb. 6–2: Nachschlagehäufigkeit im Leseverstehenstest

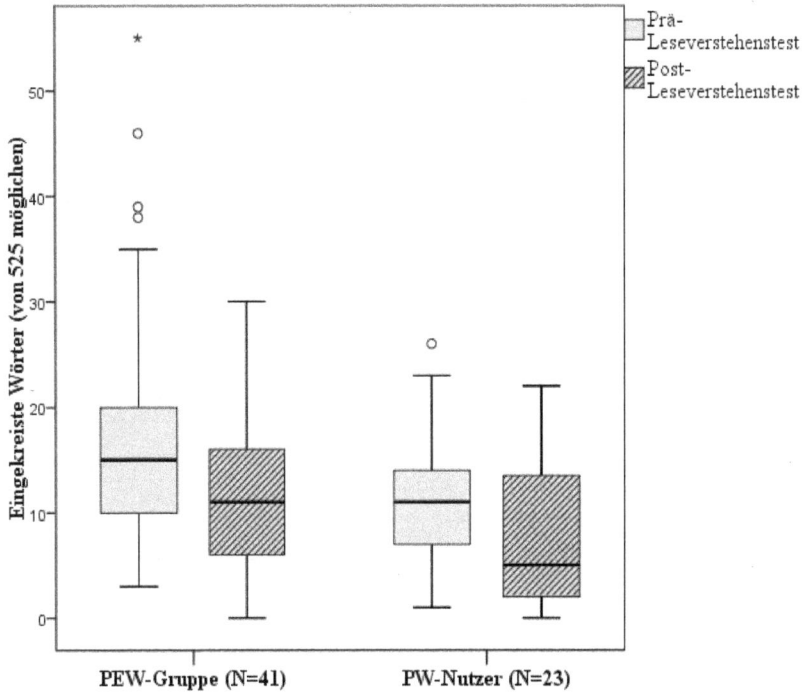

Die Unterschiede zwischen den beiden Gruppen treten auch in den einzelnen Testteilen zutage (vgl. Abb. 6–3 und 6–4).

Abb. 6-3: Punktwerte in den Testteilen des Leseverstehenstests

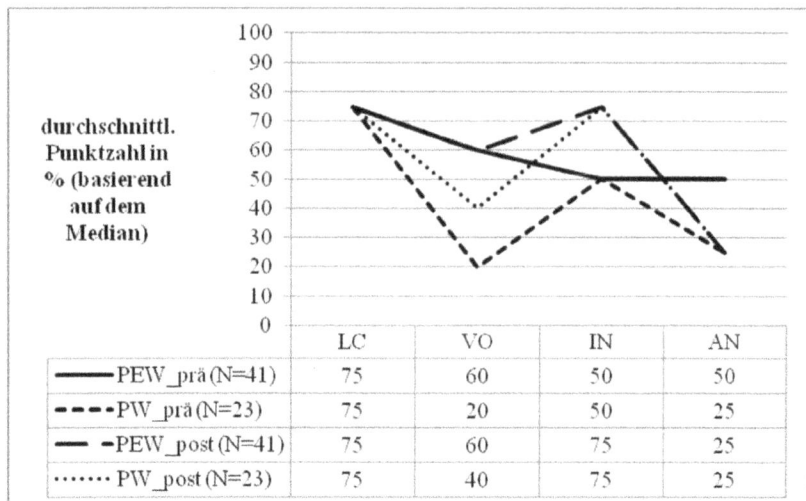

durchschnittl. Punktzahl in % (basierend auf dem Median)	LC	VO	IN	AN
——— PEW_prä (N=41)	75	60	50	50
■-■-■ PW_prä (N=23)	75	20	50	25
— -PEW_post (N=41)	75	60	75	25
········ PW_post (N=23)	75	40	75	25

Abb.6-4: Nachschlagehäufigkeit in den Testteilen des Leseverstehenstests

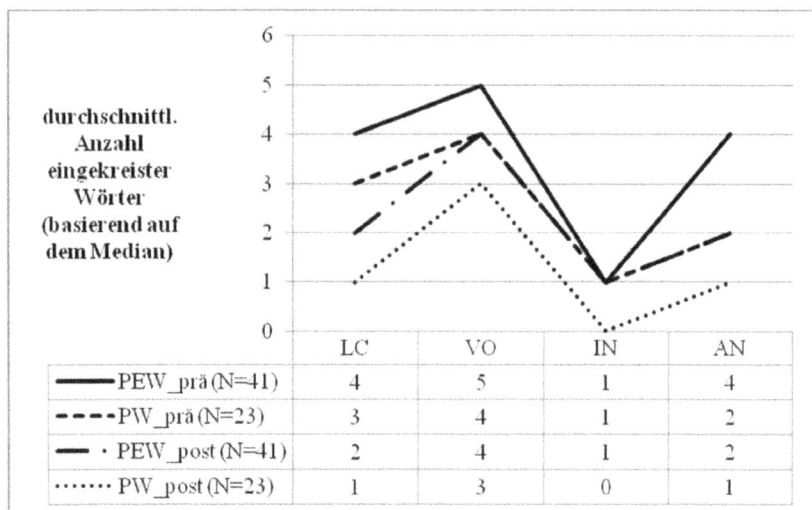

durchschnittl. Anzahl eingekreister Wörter (basierend auf dem Median)	LC	VO	IN	AN
——— PEW_prä (N=41)	4	5	1	4
■-■-■ PW_prä (N=23)	3	4	1	2
— · PEW_post (N=41)	2	4	1	2
········ PW_post (N=23)	1	3	0	1

Es stellt sich die Frage, ob zwischen der Nachschlagehäufigkeit und dem Leseverstehen ein Zusammenhang besteht. Um mögliche Zusammenhange zu ermitteln, werden Korrelationsberechnungen durchgeführt. Für die eingekreisten

Wörter ergeben sich weder für die PEW- noch für die PW-Nutzer Korrelationen zwischen der Punktzahl im Leseverstehenstest und Nachschlagehäufigkeit. Legt man jedoch die Anzahl der Lemmata aus der Verlaufsliste zugrunde, so zeigt sich eine signifikante positive Korrelation zwischen der Punktzahl der PEW-Nutzer im Post-LVT und der Nachschlagehäufigkeit gemäß der Verlaufsliste (Spearman-Rho: ρ = ,384*; Sig. (2-seitig): ρ = ,048; N = 27). Im Post-Test des Testteils VO ergibt sich bei den PEW-Nutzern eine signifikante Korrelation zwischen Nachschlagehäufigkeit und Punktzahl (Spearman-Rho: ρ = ,527**; Sig. (2-seitig): p < ,001; N = 41). Probanden, die in diesem Testteil viele Lexeme im PEW nachschlagen, erreichen eine hohe Punktzahl. Es fällt auf, dass die Korrelationen von Nachschlagehäufigkeit und Punktzahl im Testteil VO in beiden Gruppen zu beiden Messzeitpunkten deutlich höher sind als die Korrelationen der anderen Testteile (vgl. Tab. 6–1). Außer dieser sind jedoch keine weiteren Korrelationen signifikant.

Tab. 6–1: Korrelationen zwischen Punktzahl und Nachschlagehäufigkeit in den Testteilen des Leseverstehenstests (Spearman-Rho)

		Korrelationen zwischen Punktzahl und Nachschlagehäufigkeit							
		Prä-LVT				Post-LVT			
		LC	VO	IN	AN	LC	VO	IN	AN
PEW (N=41)	ρ	-,028	,270	-,184	-,009	-,208	,527**	,117	,137
	Sig.	,864	,087	,250	,957	,193	,000	,467	,393
PW (N–23)	ρ	-,075	,357	-,191	-,072	-,071	,345	-,085	-,332
	Sig.	,734	,095	,383	,745	,749	,107	,699	,121

Insgesamt kann aus dem MobiDic-Lesetest geschlossen werden, dass der PEW-Gebrauch beim Lesen sowohl die Worterkennung als auch die Inferenzbildung in komplexen Texten bei leistungsschwachen Englischlernern effektiv unterstützen kann.

Bearbeitungsdauer

Für die Bearbeitung des ART-A werden für beide Messzeitpunkte 40 Minuten angesetzt. Beide Gruppen bearbeiten den Post-Test hoch signifikant schneller als den Prä-Test (vgl. Abb. 6–5). Die PEW-Nutzer benötigen im Prä-Test durchschnittlich 31 und im Post-Test 25 Minuten (Wilcoxon: r = -3,589; p<,001; ϕ = ,56). Die PW-Nutzer benötigen im Prä-Test durchschnittlich 28 und im Post-Test 21 Minuten (Wilcoxon: r = -3,053; p = 0,002; ϕ = ,64). Die PEW-Nutzer wenden also im Prä- und Post-Test mehr Bearbeitungszeit auf als die PW-Nutzer. Der Unterschied der Mediane ist jedoch weder im Prä- noch im Post-Test signifikant (geprüft mit dem non-parametrischen Mann-Whitney-U-Test).

In der PEW-Gruppe kann kein Zusammenhang zwischen der Bearbeitungs-dauer und der erreichten Punktzahl bzw. der Nachschlagehäufigkeit nachgewie-sen werden, da die Korrelationen nicht signifikant sind. Nur die Korrelation von Bearbeitungsdauer und Nachschlagehäufigkeit im Prä-Test ist höher als die an-deren Korrelationen und annähernd signifikant (Spearman-Rho: ρ = ,302; p = ,055; N = 41). In der PW-Gruppe hingegen findet sich eine hohe, signifikante positive Korrelation von Bearbeitungsdauer und Nachschlagehäufigkeit (Spear-man-Rho: ρ = ,729**; p < ,001; N = 23). Die anderen Korrelationen in dieser Gruppe sind nicht signifikant und kleiner als ,2.

Abb. 6-5: Bearbeitungsdauer des Leseverstehenstests

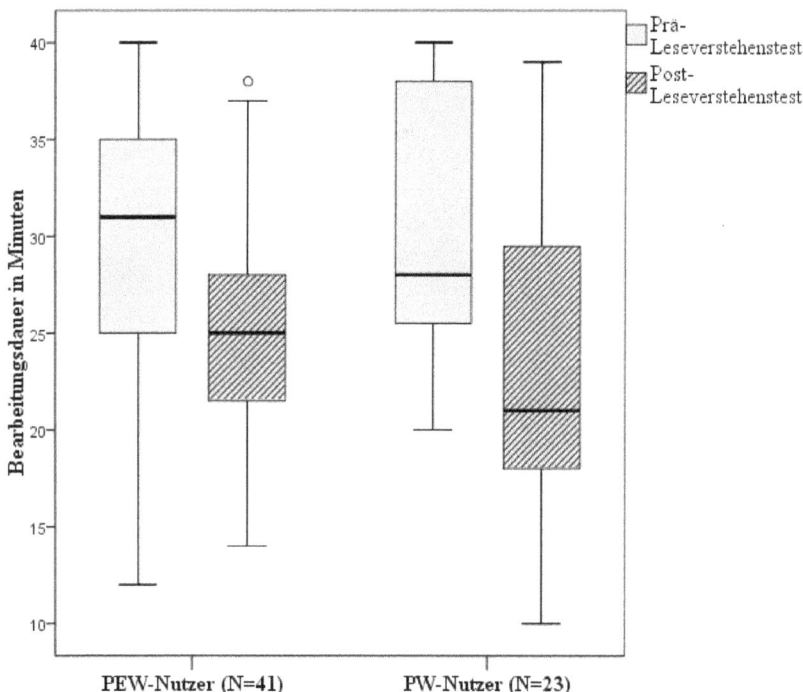

6.2 Fallanalysen zum Wörterbuchgebrauch beim Leseverstehenstest[12]

Um einen möglichen Zusammenhang zwischen Wörterbucheinsatz und Leseverstehen vertieft zu untersuchen, werden anhand von sechs Einzelfällen alle Konsultationen während des Prä-Lesetests einer genauen Analyse unterzogen, für die jedes einzelne nachgeschlagene Wort sowie die Lösung in dem entsprechenden Test-Item betrachtet werden (vgl. Gieseler 2013: 67f.). Anhand eines statistischen Samplings (vgl. Flick et al. 1995: 441, zum *Matched Sampling* vgl. Bortz / Döring 2006: 527) werden 6 Testteilnehmer für die qualitative Analyse des Tests ausgewählt. Das Sampling wird paarweise vorgenommen, um den Einfluss unterschiedlicher Leistungsniveaus zu reduzieren. Als Auswahlkriterien gelten die Leistungspunkte, die im Prä-Lesetest und im Prä-Wortschatztest ermittelt werden. Schließlich werden die Testbögen von jeweils 3 PEW- und 3 PW-Probanden aus dem oberen, mittleren und unteren Leistungsbereich analysiert.

Anzahl und Art nachgeschlagener Wörter

In der Summe konsultieren die 3 PEW-Probanden im Prä-Test 29 Wörter und im Post-Test 25 Wörter. Bei einer Gesamtwörterzahl von 525 Wörtern pro Test entspricht dies einer Nachschlagerate von 5,5% im Prä-Test und 4,7% im Post-Test. In der PEW-Gesamtgruppe beträgt die Nachschlagehäufigkeit im Prä-LVT 16 (3%) Wörter und im Post-LVT 11 (2%) Wörter. Die 3 PW-Probanden schlagen dagegen im Prä-Test 22 Wörter und im Post-Test 7 Wörter nach. In der PW-Gesamtgruppe beträgt die Nachschlagehäufigkeit im Prä-LVT 11 Wörter und im Post-LVT 5 Wörter. Alle sechs Schüler setzen ihr Wörterbuch im Post-Test in geringerem Maße ein als im Prä-Test. Die Analyse der Testbögen zeigt, dass alle sechs Teilnehmer ausschließlich Inhaltswörter und Wortgut nachschlagen, welches sie mehrheitlich nicht aus dem Lehrwerk kennen. Von insgesamt 83 nachgeschlagenen Wörtern (Prä- und Post-Test) sind nur 24,1% (20 Wörter) in den Lehrwerken enthalten. Die Erwartung, dass dieser Test, der ursprünglich für Muttersprachler konzipiert worden ist, mehr Nachschlagehandlungen hervorruft, hat sich somit erfüllt.

---

12 Die nachfolgende Darstellung zum Leseverstehen orientiert sich an den Ausführungen in Diehr et al. (2013).

Lösungsrelevanz der nachgeschlagenen Wörter

Im Prä-Test schlagen 4 von 6 Probanden mehrheitlich lösungsrelevante Wörter nach (die Schüler PEW-1, PEW-2, PW-1 und PW-3); dabei gibt es keine herausragenden Unterschiede zwischen den PEW- und PW-Probanden. Das heißt, die Schülerinnen und Schüler schlagen vorwiegend Wörter nach, bei denen die Kenntnis der Wortbedeutung für die Lösung des Items erforderlich ist. Der Anteil der lösungsrelevanten Wörter bei den Konsultationen liegt bei den vier oben genannten Schülern zwischen 63,6% und 100%. Bei den verbleibenden zwei Schülern (PEW-3 und PW-2) sind 14,3% bzw. 50% der nachgeschlagenen Wörter lösungsrelevant. Die übrigen Konsultationen sind nicht auf Test-Items bezogen und spielen somit für die Aufgabenlösung keine Rolle.

Im Post-Test schlagen alle sechs Probanden mehrheitlich lösungsrelevante Wörter nach. Bei Schüler PEW-1 sind es 66,7%, bei PEW-2 62,5% und bei den anderen 4 Probanden jeweils sogar 100%. Zwar werden die Wörterbücher im Post-Test weniger häufig konsultiert, dafür aber lösungsorientierter eingesetzt (besonders von PEW-3 und PW-2), was auf einen Zuwachs an Wörterbuchbenutzungskompetenz beim Lesen schließen lässt.

Lösungsquote und Wörterbuchnutzung bei den PEW-Probanden

Zur Beantwortung der Frage nach dem Verhältnis von Lösungshäufigkeiten und nachgeschlagenen lösungsrelevanten Wörtern werden fallbezogen, d.h. für jeden Probanden, die Zahl der korrekt gelösten Items mit den nachgeschlagenen, lösungsrelevanten Wörtern in absoluten Zahlen zueinander in Beziehung gesetzt. Die Zählung erfolgt dabei nach Anzahl der Items mit Konsultation; dabei ist es unerheblich, ob für ein Item ein oder mehrere Wörter nachgeschlagen werden.

Proband PEW-1, ein Lerner aus dem oberen Leistungsbereich, schneidet im Vergleich zu den Gruppenmittelwerten der PEW-Gesamtgruppe beim Prä-Test überdurchschnittlich und beim Post-Test unterdurchschnittlich ab (vgl. Tab. 6–2 und 6–3). Während die Punktwerte im basalen Leseverstehen im Testteil LC in Prä- und Post-Test mit einer Lösungsquote von 75% auf einem guten Niveau sind, verschlechtert sich PEW-1 im Post-Test in allen anderen Testteilen (erreichte Punktzahl in %: VO prä 60%, post 40%; IN prä 100%, post 25%; AN prä 50%, post 0%). Der Einsatz des PEWs ist im Post-Test geringer; die Anzahl der Items mit Konsultation sinkt von 4 Items auf 1 Item (vgl. Tab. 6–2). Eine Erklärung für die schlechtere Leistung und den geringeren PEW-Gebrauch ist aus den Testbögen heraus nicht ersichtlich.

Bei PEW-2, einer Probandin aus dem mittleren Leistungsbereich, ist ein deutlicher Leistungszuwachs im Vergleich zu den Mittelwerten der Gesamtgruppe feststellbar (vgl. Tab. 6–2 und Abb. 6–1). Die Schülerin steigert sich von durchschnittlichen Gesamtergebnissen im Prä-Test zu überdurchschnittlichen Leistungen im Post-Test und erzielt dabei Verbesserungen bei der Lösungsquote in allen vier Testteilen (erreichte Punktzahl in %: LC prä 62,5%, post 75%; VO prä 80%, post 100%; IN prä 50%, post 75%; AN prä 25%, post 50%). Dabei ist die Anzahl der Konsultationen im Vergleich zu allen anderen 6 Einzelfällen sehr hoch (vgl. Tab. 6–2 und 6–3). Es werden zu beiden Testzeitpunkten Wörter in allen vier Testteilen konsultiert. Im Post-Test nimmt die Anzahl der Items mit Konsultation zu; gleichzeitig steigt bei diesen die Lösungsquote von 75% auf 100% (vgl. Tab. 6–2). Die Einkreisungen in den Testbögen offenbaren, dass der PEW-Gebrauch im Post-Test verstärkt für lösungsrelevante Wörter und damit mit einer höheren strategischen Effizienz stattfindet. Auch bei Items ohne Konsultation ist ein Leistungszuwachs bei der Lösungsquote von 8,3% messbar (vgl. ebd.).

Tab. 6–2: Lösungsquote bei Items mit nachgeschlagenen Wörtern – PEW-Probanden

	PEW-1			PEW-2			PEW-3		
	bear-beitete Items	gelöste Items	LQ* (in %)	bear-beitete Items	gelöste Items	LQ* (in %)	bear-beitete Items	gelöste Items	LQ* (in %)
Prä-Test									
Items gesamt	21	15	71,4	21	12	57,1	21	9	42,9
Items mit Konsultation	4	3	75	8	6	75	2	1	50
Items ohne Konsultation	17	12	70,6	13	6	46,2	19	8	42,1
Post-Test									
Items gesamt	21	9	42,9	21	16	76,2	21	14	66,7
Items mit Konsultation	1	1	100	10	10	100	4	4	100
Items ohne Konsultation	20	8	40	11	6	54,5	17	10	58,8

*LQ: Lösungsquote (gelöste Items/bearbeitete Items); durchschnittliches Ergebnis (LQ) der PEW-Gesamtgruppe (N=41): Prä-LVT 57%, Post-LVT 62%.

PEW-3, eine Schülerin aus dem schwächeren Leistungsbereich, steigert sich aufgrund erfolgreicher PEW-Nutzung sehr deutlich von einem unterdurchschnittlichen Gesamtergebnis im Prä-Test zu einem leicht überdurchschnittlichen

Ergebnis im Post-Test (vgl. Tab. 6–2 und Abb. 6–1). Die Probandin verfügt über gute Leistungen im basalen Leseverstehen und verbessert ihre Lösungsquoten in den Testteilen LC, VO und IN (erreichte Punktzahl in %: LC prä 87,5%, post 100%; VO prä 0%, post 60%; IN prä 25%, post 50%; AN prä 25%, post 25%). Das PEW wird in beiden Tests für die Testteile LC und VO genutzt; im Prä-Test auch für AN, allerdings ausschließlich für nicht lösungsrelevante Wörter. Im Post-Test steigt die Lösungsquote mit Konsultation von 50% auf 100%. Auch bei Items ohne Konsultation erfolgt ein Anstieg in der Lösungsquote von 16,7% (vgl. ebd.). Ein detaillierter Blick in die Testbögen ergibt, dass die Probandin ihr Wörterbuch im Post-Test effektiver nutzt: Sie setzt es im Post-Test zu 100% für lösungsrelevante Wörter ein, im Prä-Test nur zu 14,3%. Die PEW-Nutzung findet dabei, anders als im Prä-Test, vorrangig im Testteil VO statt, in welchem der Wörterbuchgebrauch zur Aufgabenlösung am stärksten erforderlich ist. Hier steigert sich PEW-3 von einer Lösungsquote von 0% auf 60%.

Lösungsquote und Wörterbuchnutzung bei den PW-Probanden

Beim Probanden PW-1, einem Lerner aus dem oberen Leistungsbereich, kann angesichts der Ergebnisse im Prä- und Post-Test im Vergleich zu den Gruppenmittelwerten von einer gut entwickelten Lesekompetenz ausgegangen werden (vgl. Abb. 6–1 und Tab. 6–3). Dabei sind die Ergebnisse in den einzelnen Testteilen in beiden Tests gleich (vgl. Kapitel 6.1); nur im Testteil LC schneidet PW-1 etwas schwächer ab, sodass es zu einer niedrigeren Gesamtlösungsquote kommt als im Prä-Test (erreichte Punktzahl in %: LC prä 87,5%, post 62,5%; VO 20%; IN 100%; AN 50%). In beiden Tests fällt dabei auf, dass – anders als bei den PEW-Probanden – die Lösungsquoten bei Items ohne Konsultation deutlich höher sind als bei Items mit Konsultation (vgl. ebd.). Die Items ohne Konsultation finden sich vorrangig in den Testteilen LC und IN, welche der Proband PW-1 in beiden Tests ganz ohne Einsatz des PWs überdurchschnittlich gut löst. Diese Testteile enthalten im Vergleich zu den Testteilen VO und AN einen wesentlich größeren Anteil an Vokabular, das im Lehrwerk enthalten ist. Die Items mit Konsultation befinden sich dagegen alle im Testteil VO mit vermehrt unbekanntem Vokabular. In diesen Testteilen, VO und AN, schneidet der Schüler trotz Konsultationen bei 4 von 5 Items im Prä-Test und 2 von 5 Items im Post-Test stark unterdurchschnittlich ab. Dies lässt vermuten, dass der PW-Gebrauch dem Probanden wenig hilfreich erscheint und die Motivation, ein PW zu gebrauchen, oder seine Wörterbuchbenutzungskompetenz sehr gering sind. Insgesamt ist im Prä-Post-Vergleich kein Leistungszuwachs erkennbar. Dies liegt vor allem an den niedrigen Lösungsquoten der Testteile VO und AN. Doch dafür ist eine erfolgreiche Wörterbuchnutzung aufgrund der größeren Anzahl unbekannter Wörter bei den dortigen Aufgaben-Items unabdingbar.

Die Ergebnisse der Probandin PW-2 aus dem mittleren Leistungsbereich liegen im Prä-Test insgesamt leicht über dem Gruppenmittelwert und fallen im Post-Test unterdurchschnittlich aus (vgl. Abb. 6–1 und Tab. 6–3). Die Leseleistungen sind im basalen Leseverstehen (LC prä 87,5%, post 75%) recht gut und im Inferieren schwächer ausgeprägt (IN prä 25%, post 50%; AN prä 0%, post 25%). Der PW-Gebrauch beschränkt sich in beiden Tests auf die Testteile LC und VO und ist offenbar nur mäßig hilfreich. Bei den wenigen Items mit Konsultation liegen richtige Lösungen im Prä-Test für 2 von 3 Items vor, im Post-Test für nur 1 von 2 Items. Der Leistungsabfall im Post-Test liegt vor allem in der stark abgefallenen Lösungsquote im Testteil für den Wörterbuchgebrauch begründet (VO prä 60%, post 0%). Im Prä-Test werden hier 3 von 5 Items richtig gelöst; darunter ist 1 Item mit Konsultation. Ein weiteres Item mit Konsultation ist falsch beantwortet. Im Post-Test ist keines der Items richtig gelöst, auch die Benutzung des PWs bei 1 Item führt nicht zu einer erfolgreichen Antwort.

Tab. 6–3: Lösungsquote bei Items mit nachgeschlagenen Wörtern – PW-Probanden

	PW-1			PW-2			PW-3		
	bear-beitete Items	gelöste Items	LQ* (in %)	bear-beitete Items	gelöste Items	LQ* (in %)	bear-beitete Items	gelöste Items	LQ* (in %)
Prä-Test									
Items gesamt	21	14	66,7	21	11	52,4	21	8	38,1
Items mit Konsultation	4	1	25	3	2	66,7	7	1	14,3
Items ohne Konsultation	17	13	76,5	18	9	50	14	7	50
Post-Test									
Items gesamt	21	12	57,1	21	9	42,9	21	13	61,9
Items mit Konsultation	2	1	50	2	1	50	1	0	0
Items ohne Konsultation	19	11	57,9	19	8	42	20	13	65

*LQ: Lösungsquote (gelöste Items/bearbeitete Items); durchschnittliches Ergebnis (LQ) der PW-Gesamtgruppe (N=23): Prä-LVT 48%, Post-LVT 62%.

PW-3, ein Proband aus dem unteren Leistungsbereich, erreicht vom Prä- zum Post-Test eine bemerkenswerte Leistungssteigerung um 23,8%, wobei gleichzeitig die Anzahl der Items mit Konsultation von 7 Items auf 1 Item sinkt (vgl. ebd.). Die Lösungsquote bei Items mit Konsultation ist in beiden Tests äußerst niedrig und liegt im Post-Test sogar bei 0%. Dagegen ist die Lösungsquote bei Items ohne Konsultation deutlich höher. Eine genaue Untersuchung der Testteile ergibt, dass PW-3 die Testteile IN und AN jeweils ganz ohne PW-Nutzung zu 75% korrekt löst. Während der Schüler im Prä-Test Konsultationen für den Testteil LC vornimmt und hier nur eine Lösungsquote von 25% erzielt, gelingt es ihm im Post-Test ganz ohne PW-Gebrauch auch hier auf eine Lösungsquote von 75% zu kommen. Ähnlich ist dies im Testteil VO, der im Prä-Test bei 4 von 5 Items mit Konsultation schlechter ausfällt als bei nur 1 Item mit Konsultation im Post-Test (VO prä 0%, post 20%). Folglich kann angenommen werden, dass die Lesekompetenzen des Schülers im Post-LVT recht gut ausgeprägt sind, während es an Wörterbuchbenutzungskompetenz für den PW-Gebrauch mangelt. Eventuell beansprucht der PW-Gebrauch im Prä-Test das Arbeitsgedächtnis des Probanden so stark, dass das Nachschlagen zu sehr vom Lesen und Beantworten der Aufgaben ablenkt.

Schlussfolgerungen aus den Einzelfallanalysen

Für alle 3 PEW-Nutzer zeigt sich, dass Items mit Konsultation sowohl im Prä- als auch im Post-Test häufiger richtig gelöst werden als Items ohne Konsultation (vgl. Tab. 6–2). Auffällig ist zudem, dass im Post-Test bei PEW-2 und PEW-3 die Anzahl der richtig gelösten Items mit Konsultation auf 100% ansteigt, wobei dieser Effekt, gemessen am Anteil der Items mit Konsultation (50% aller Items), bei PEW-2 am größten ist. Währenddessen steigt die Lösungsquote bei Items ohne Konsultation entweder nur in geringerem Maße (PEW-2 und PEW-3) oder sinkt sogar ab (PEW-1). Angesichts dieser Ergebnisse kann insgesamt von einer für das Leseverstehen förderlichen Wirkung des elektronischen Wörterbuchs ausgegangen werden.

Bei den PW-Nutzern zeigt sich ein etwas anderes Bild (vgl. Tab. 6–4). Die Probanden PW-1 und PW-3 lösen Items mit Konsultation im Prä- und Post-Test jeweils weniger häufig als Items ohne Konsultation. Den PW-Nutzern erscheint der Wörterbuchgebrauch beim Leseverstehen eher hinderlich oder ablenkend. Bei PW-2 fallen die Ergebnisse bei Items mit und ohne Konsultation leistungsmäßig kaum auseinander. Hier scheint der Einsatz des PW keinen nennenswerten Unterschied bei den Leseleistungen zu bewirken.

Tab. 6–4: Lösungsquote bei Items mit nachgeschlagenen Wörtern – Probanden gesamt

	PEW-1 bis PEW-3			PW-1 bis PW-3		
	bearbeitete Items	gelöste Items	LQ* (in %)	bearbeitete Items	gelöste Items	LQ* (in %)
Prä-Test						
Items gesamt	63	36	51,7	63	33	52,4
Items mit Konsultation	14	10	71,4	14	4	28,6
Items ohne Konsultation	49	26	53,1	49	29	59,2
Post-Test						
Items gesamt	63	39	61,9	63	34	54
Items mit Konsultation	15	15	100	5	2	40
Items ohne Konsultation	48	24	50	58	32	55,2

*LQ: durchschnittliche Lösungsquote (gelöste Items/bearbeitete Items); durchschnittliches Ergebnis (LQ) der PEW-Gesamtgruppe (N=41): Prä-LVT 57%, Post-LVT 62%; durchschnittliches Ergebnis (LQ) der PW-Gesamtgruppe (N=23): Prä-LVT 48%, Post-LVT 62%.

Im Gegensatz zu den PW-Nutzern (vgl. Spalte LQ* in Tab. 6–4) können die PEW-Nutzer ihre Lösungsquote vom Prä- zum Post-Test um 10,2% steigern. Bei den Items mit Konsultation nimmt die Lösungsquote von 71,4% auf 100% zu. Die PW-Probanden können ihre Leistung im Leseverstehenstest nur geringfügig um 1,6% steigern. Die Lösungsquote der Items mit Konsultation ist jedoch nur beschränkt aussagekräftig, da im Post-Test nur noch bei 5 Items das Wörterbuch genutzt wird, während dies im Prä-Test noch bei 14 Items der Fall ist. Rein rechnerisch ist bei den Items mit Konsultation eine Zunahme der Lösungsquote von 28,6% auf 40% feststellbar.

Zusammenfassend kann festgehalten werden, dass die PEW-Nutzer ihre Punktzahl im Post-Test vor allem aufgrund des erfolgreicheren Einsatzes des elektronischen Wörterbuchs steigern. Die PW-Probanden erreichen im Post-Test ein ähnliches Ergebnis wie im Prä-Test. Die Zahl der Items mit erfolgreichem Wörterbucheinsatz ist gering, sodass das PW die Leseleistungen bzw. Punktzahlen kaum positiv beeinflusst. Im Fall von PW-3 (vgl. Tab. 6–3) wirkt sich der Verzicht auf das PW sogar positiv auf die Leseleistung aus.

Diese Untersuchung zeigt einerseits, wie unterschiedlich die sechs Individuen den Test bearbeiten und ihre Wörterbücher nutzen (vgl. Gieseler 2013: 69): Die Spanne der Konsultationen reicht von 5 bis 17, die Spanne der Lösungsquote von 38% bis 76%. Andererseits zeichnen sich auch in diesen Einzelfallanalysen Vorteile der PEW-Nutzung ab: Die drei PEW-Nutzer schlagen während des Lesetests insgesamt 29 Wörter nach; 19 von diesen 29 Konsultationen, also 66%, fallen mit einer erfolgreichen Bearbeitung der jeweiligen Test-Items, in denen die nachgeschlagenen Wörter auftauchen, zusammen. Die drei PW-Nutzer kommen auf 27 nachgeschlagene Wörter, von denen jedoch nur 8, also 30%, mit einer erfolgreichen Bearbeitung der entsprechenden Test-Items zusammenfallen. Aufschlussreich ist außerdem der Befund, dass alle sechs Probanden ausschließlich Inhaltswörter nachschauen und dass nur 10 der 56 nachgeschlagenen Wörter dem Lehrwerkswortschatz entstammen. Diese Einzelfallanalysen geben Anlass zu der Annahme, dass der PEW-Gebrauch zu einem besseren Leseverstehen, gerade bei hohem Nachschlagebedarf, führt als der PW-Gebrauch.

Obwohl also von einem genuinen Nachschlagebedarf im Leseverstehenstest ausgegangen werden kann, ist es wichtig darauf hinzuweisen, dass diese Ergebnisse keinen Kausalzusammenhang zwischen der Wörterbuchnutzung und dem Lösungserfolg belegen und dass andere Einflussfaktoren wie z.B. Zufallstreffer durch Raten nicht mit Sicherheit ausgeschlossen werden können (Gieseler 2013).

6.3 Wortschatz und PEW

Wörterbücher helfen lexikalische Lücken zu schließen und tragen auf diese Weise zu einer verbesserten Kommunikation in der Fremdsprache bei. Aus fremdsprachendidaktischer Sicht stellt sich jedoch die Frage, ob die nachgeschlagenen Wörter auch behalten werden und somit mittelfristig zur Verfügung stehen. Diese Frage ist vor allem im Hinblick auf höhere Nachschlagehäufigkeit beim PEW bedeutsam (vgl. Kapitel 4.1). Auf der einen Seite ist es möglich, dass die Verfügbarkeit von PEW zum wiederholten Aufrufen von Wörtern führt. Die wiederholte Begegnung mit Lexemen könnte dem Wortschatzlernen zuträglich sein. Auf der anderen Seite steht zu befürchten, dass Schülerinnen und Schüler keine Notwendigkeit für das Vokabellernen sehen, wenn sie wissen, dass ein PEW mitsamt dem darin enthaltenen Wortschatz permanent verfügbar ist.

Diejenigen Studien, welche die Behaltensleistung von PEW- und PW-Nutzern vergleichen, kommen zu unterschiedlichen Ergebnissen. Während einige Studien keinen Unterschied zwischen PEW- und PW-Nutzern feststellen (Chen 2010, Kobayashi 2007 und Koyama / Takeuchi 2003), weist Flynn (2007) nach, dass PEW-Benutzung beim Lesen zu signifikant höheren Wortschatzzuwächsen führt als das Lesen ohne Wörterbuch und zu etwas höheren Wortschatzzuwächsen als die Benutzung eines PWs. Diese positive Tendenz ist auch in der Casio-Studie erkennbar (Casio o. J.). Bei Koyama und Takeuchi (2004a, 2005b) hingegen zeigen PW-Nutzer höhere Wortschatzzuwächse. Die Ergebnisse werden von den Autoren auf eine tiefere Verarbeitung der Lexeme zurückgeführt. Hinzu kommt, dass diese Studien ein experimentelles Forschungsdesign aufweisen. So werden die Probanden auf ausgewählte Lexeme hin getestet, denen sie zuvor in einem mithilfe eines Wörterbuchs zu bearbeitenden Lesetext begegnet sind. In der MobiDic-Studie werden Wortschatzzuwächse hingegen nicht über eine konkrete Wörterbuchaufgabe überprüft, sondern mit Hilfe von spezifischen Wortschatztests. Hier geht es um die Wortschatzentwicklung im anderthalbjährigen PEW-Benutzungszeitraum.

Im Ergebnis legt die PEW-Gruppe bei der Gesamtpunktzahl im VST deutlicher zu als die PW-Gruppe (vgl. Abb. 6–6). Das durchschnittliche Testergebnis (gemessen mit dem Median) liegt für die PEW-Gruppe im Prä-Test bei 12 und im Post-Test bei 14 Punkten. Die Ergebnisse der PW-Gruppe bleiben im Durchschnitt konstant bei 13 Punkten; abgesehen vom unteren und oberen Quartil gibt es hier kaum Veränderungen im Boxplot.

Abb. 6–6: Ergebnisse des Vocabulary Size Test

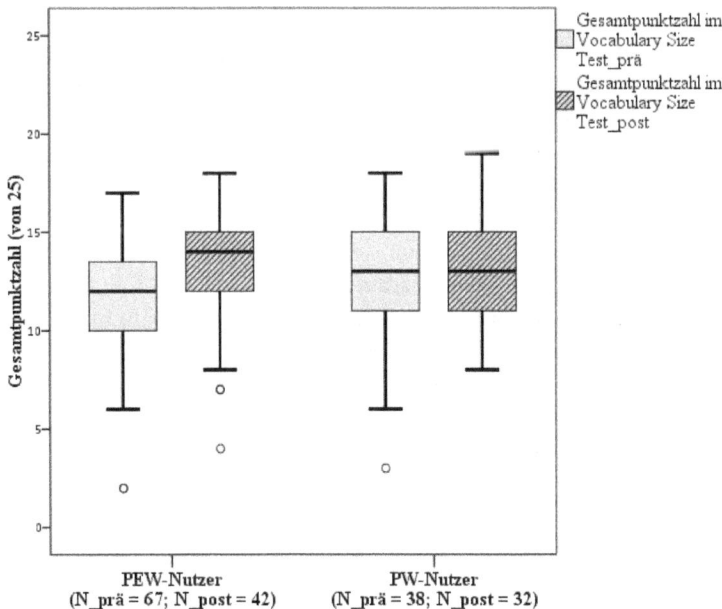

Der zweite Wortschatztest, LWT, testet Wörter, die in den Lehrwerken als Lern-wortschatz markiert sind (vgl. Kapitel 5.3.2). Da Prä- und Post-LWT identisch sind, enthält der Prä-LWT auch solche Wörter, die erst nach der Erhebung im Lehrwerk vorkommen. Entsprechend unwahrscheinlich ist es, dass Schü-lerinnen und Schüler im Prä-Fragebogen die volle Punktzahl erreichen. Im Folgenden werden wieder Mediane und Quartile angegeben (vgl. Abb. 6–7). Für die Berechnung der Mittelwertunterschiede werden, im Gegensatz zum Verfahren im Leseverstehenstest, t-Tests genutzt, da die Daten normalverteilt sind und daher die Bedingung für parametrische Rechenverfahren erfüllt ist. Im Prä-LWT erreichen die PEW-Nutzer durchschnittlich 55 Punkte und im Post-LWT 76 Punkte. Hierbei handelt es sich um eine hoch signifikante Veränderung mit einer mittelhohen Effektstärke (t-Test mit verbundenen Stichproben, $T(df)$ = -4,156(35); $p < ,001$; $r = ,33$). Besonders auffällig ist die Streckung des oberen Quartils. Es gibt jedoch auch Schülerinnen und Schüler im unteren Quartil, deren Leistung konstant schlecht bleibt. Die PW-Nutzer erreichen im Prä-LWT durchschnittlich 67 und im Post-LWT durchschnitt-lich 70,5 Punkte. Diese Veränderung ist auf einem geringeren Niveau signifi-kant und erreicht ebenfalls eine mittelhohe Effektstärke ($T(df)$ = -2,292(23); $p < ,05$; $r = ,43$).

Die Ergebnisse beider Wortschatztests zeigen, dass die Schülerinnen und Schüler, die PEW zur Verfügung haben, durchschnittlich größere Wortschatz-zuwächse aufweisen als die Schülerinnen und Schüler der PW-Gruppe. Sowohl im VST als auch im LWT liegen die Leistungen der PEW-Nutzer im Prä-Test unter denen der PW-Nutzer. Im Post-Test dagegen liegen die Testergebnisse der PEW-Nutzer über denen der PW-Nutzer, obwohl auch Letztere sich ver-bessert haben, allerdings in geringerem Umfang. Die Auswertung des Konsul-tationskorpus (vgl. Kapitel 6.4.1) zeigt, dass die Schülerinnen und Schüler der PEW-Gruppe im Untersuchungszeitraum verstärkt Wörter aus dem Lehrwerk nachschlagen. Die Ergebnisse deuten darauf hin, dass die PEW-Benutzung ge-rade zur wiederholten Begegnung mit dem Lehrwerkswortschatz führt. Hier liegt möglicherweise ein Grund für die Leistungssteigerung der PEW-Nutzer im LWT.

Abb. 6–7: Ergebnisse des Lehrwerkswortschatztests

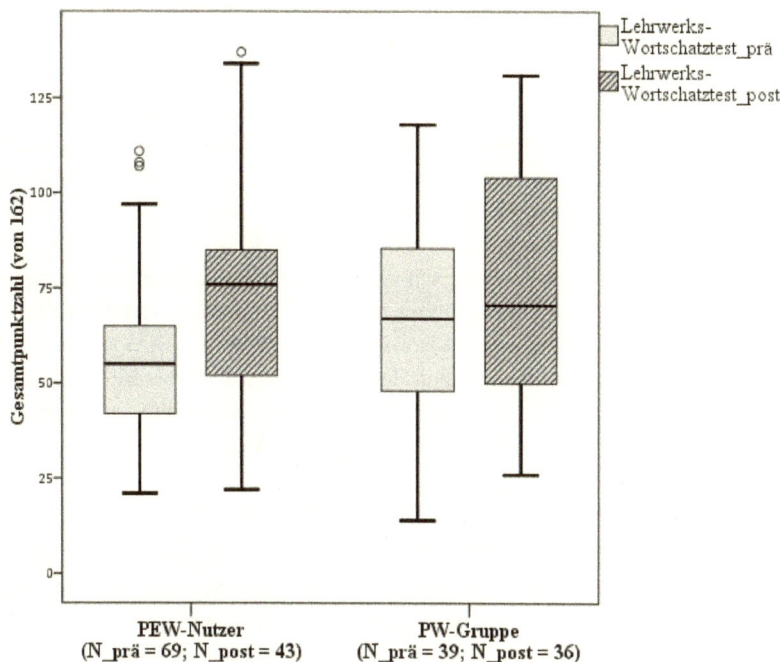

Die Ergebnisse der nicht-parametrischen Korrelationsberechnungen, mit denen die beiden Wortschatztests zueinander in Beziehung gesetzt werden, zeigen einen hochsignifikanten, mittelstarken Zusammenhang zwischen LWT und VST (Spearman-Rho: Prä-Tests: ρ = ,345**; Sig. (2-seitig): p < 0,001; N = 103; Post-Tests: r = ,466**; Sig. (2-seitig): p < 0,001; N = 70). Er deutet darauf hin, dass beide Tests das gleiche Konstrukt Wortschatz messen und Schülerinnen und Schüler in beiden Tests gleichermaßen gute bzw. schlechte Leistungen erbringen. Damit liegt ein Hinweis auf die Validität beider Testinstrumente vor.

6.4 Einblicke in den Konsultationsvorgang der PEW-Nutzer

Die Sichtung der curricularen Vorgaben zeigt, dass die Lehr- und Bildungspläne aller Bundesländer davon ausgehen, dass Englischlerner der Sekundarstufe I mit dem Hilfsmittel Wörterbuch umgehen können müssen. In den Lehrplänen von sechs Bundesländern finden sich sogar Aussagen dazu, dass die entsprechende Methodenkompetenz auch auf digitale Medien übertragen werden soll (u.a. MSJK NRW 2004: 48). Detailliertere Kompetenzbeschreibungen für die Wörterbuchnutzung fehlen jedoch ebenso wie didaktische Konzepte zum Aufbau von PEW-Kompetenz.

Mit Ausnahme der Studien von Boonmoh (2012) und Koyama / Takeuchi (2009) liegen bislang keine empirischen Befunde vor, die den Nachschlagevorgang bei der PEW-Benutzung selbst erhellen. In der MobiDic-Studie entscheidet das Forschungsteam daher nach den ersten Testungen, folgende zusätzlichen Fragen aufzunehmen: „Was schlagen die Schülerinnen und Schüler nach, wenn sie ein PEW benutzen?" und „Wie erklären die Schülerinnen und Schüler das PEW und wie nutzen sie es bei einer Schreibaufgabe?" Die Videoaufzeichnungen von Partnerarbeitsphasen geben Einblick in die Methodenkompetenz der PEW-Nutzer. Das Modell von Engelberg / Lemnitzer (vgl. 2009: 96) wird zur Analyse der videographierten Konsultationshandlungen genutzt, da insbesondere die Sequenzierung des Konsultationsvorgangs in sieben Schritte und die Möglichkeit zur Rekursivität eine detaillierte Auswertung ermöglichen.

6.4.1 Was schlagen die Schülerinnen und Schüler nach, wenn sie ein PEW benutzen?

Um die Nachschlagevorgänge zu erfassen, werden die Speicher, d.h. die von den PEW automatisch erstellten Nachschlagelisten, von 43 PEW zum selben Zeitpunkt gelöscht und sieben Wochen später – nach der regelmäßigen Nutzung im Unterricht – ausgelesen. Insgesamt enthalten die Nachschlagelisten 951 gespeicherte Konsultationen aus dem englisch-deutschen Wörterbuch, d.h. im Durchschnitt entfallen auf jeden Nutzer 22 nachgeschlagene Lexeme. Die Spannbreite reicht von zwei bis zu 30 Konsultationen pro PEW. Bei dieser Zahl ist zu berücksichtigen, dass die Speicherkapazität der PEW, die in der MobiDic-Studie eingesetzt werden, auf 30 Konsultationen begrenzt ist. Es ist mit hoher Wahrscheinlichkeit davon auszugehen, dass etliche Schülerinnen und Schüler, deren Nachschlagelisten 30 Konsultationen enthalten, mehr als 30 Wörter nachgeschaut haben, diese Nachschlagevorgänge aber aus den genannten technischen Gründen nicht registriert wurden. Viele Lexeme werden außerdem mehrfach von verschiedenen Nutzern nachgeschlagen. Dies zeigt sich daran, dass sich die 951 Suchvorgänge auf 563 Stichwörter verteilen. Mehrfach von einer Person aufgerufene Stichwörter werden nur einmal in der Verlaufsliste dieser Person aufgeführt.

Der Abgleich des dokumentierten Nachschlagekorpus von 951 Konsultationen mit dem Lehrwerkswortschatz zeigt, dass knapp zwei Drittel (64%) der englisch-deutsch nachgeschlagenen Wörter dem regulär verwendeten Lehrbuch entstammen und ein Drittel (36%) anderen Quellen. 17% der nachgeschauten Wörter fallen exakt in die Unterrichtseinheiten, die innerhalb des Beobachtungszeitraums von sieben Wochen behandelt wurden. Daraus ist zu schließen, dass der größte Nachschlagebedarf für englische Wörter durch die im Unterricht behandelten Texte geweckt wird. Die Aufschlüsselung des Konsultationskorpus deutet zum einen darauf hin, dass es zu einer wiederholten Begegnung der Lernenden mit dem Lernwortschatz des Lehrwerks kommt, und zwar weitgehend aus eigenem Antrieb. Da aus der zweitsprachlichen Vokabelerwerbsforschung bekannt ist, dass die Frequenz der Begegnung ein wichtiger Faktor für den Erwerb ist und dass der erhöhte Umsatz an Wörtern die Retention, d.h. die Behaltenswahrscheinlichkeit, erhöht (Schmitt 2008: 339), kann der Befund mit vorsichtigem Optimismus als positiver Indikator für den selbstständigen Wortschatzerwerb mit PEW gedeutet werden. Zum anderen zeigt dieses Konsultationskorpus, dass die Lernenden das PEW nutzen, um Texte zu verstehen, die nicht im Lehrbuch enthalten sind und möglicherweise authentischen Quellen wie Tageszeitungen oder Online-Nachrichten entstammen. Englischlehrkräfte können also auch mit leistungsschwächeren Gruppen nicht-didaktisierte Texte erarbeiten, wenn den Lernenden ein Hilfsmittel zur Verfügung steht, das sie bereitwillig benutzen.

Der Abgleich des Konsultationskorpus mit dem British National Corpus (BNC) zeigt außerdem, dass gut die Hälfte der 951 Konsultationen (49%) im Bereich der 1000 häufigsten Wörter des Englischen (auf dem sogenannten K1 Level) liegen, gefolgt von 22% von Wörtern, die zu den 2000 häufigsten (K2 Level) zählen. Auf das K3 Level entfallen weitere 11%, auf K4 7%, weitere 8% auf die Level K5 bis K20 und 3% auf Lexeme außerhalb der BNC-Liste. Einerseits unterstreicht die ausgeprägte Konsultation im Bereich der hochfrequenten Lexeme, dass die Lernenden wahrscheinlich Defizite und Unsicherheiten im basalen Wortschatz des Englischen haben. Andererseits können Schülerinnen und Schüler durch die Verfügbarkeit des PEWs lexikalische Defizite im Grundwortschatz vermutlich kompensieren. Die wiederholte Begegnung mit basalem und hochfrequentem Sprachmaterial, das die Lernenden entsprechend ihres individuellen Bedarfs selbstständig aufrufen, erhöht die Erwerbswahrscheinlichkeit.

Das Forschungsteam leitet aus diesen Konsultationsdokumenten die Hypothese ab, dass die PEW-Nutzung als ein bedeutender Faktor für das gute Abschneiden der PEW-Gruppe im Post-Wortschatztest zu betrachten ist. Im Vergleich zu der PW-Gruppe zeichnet sich bei den PEW-Nutzern die positive Wirkung des individuellen Aufrufens basalen Wortschatzes und des erhöhten Umsatzes an Sprachmaterial ab, was möglicherweise das Aufholen der PEW-Gruppe im Post-Test erklärt (vgl. Kapitel 6.3).

6.4.2 Wie erklären die Schülerinnen und Schüler das PEW?

Ein zentrales Ergebnis dieser Teilstudie ist, dass alle sechs PEW-Experten die basale Stichwortsuche und externe Zugriffsstruktur korrekt erklären. Die spezifischen Suchfunktionen (Redewendungssuche, Rechtschreibprüfung und Buchstabenrätsel) werden jedoch nur genannt, aber nicht erklärt (Foit 2013). Besonderheiten der Einträge werden zwar erwähnt (z.b. dass ein Eintrag mehrere verschiedene Äquivalente für ein Suchwort enthalten kann); die Erklärungen aller sechs Probanden hierzu bleiben aber oberflächlich oder sind sogar falsch („Wir nehmen immer das Erste."). Dies lässt sich möglicherweise auf die mangelnde Kenntnis der verwendeten Abkürzungen und Symbole zurückführen. Insgesamt nehmen die sechs Experten das PEW mehr als Hilfsmittel denn als Lernmittel wahr. Nur zwei Schüler erwähnen die *MyWords*-Funktion, mit denen nachgeschaute Wörter zum Zweck des Vokabellernens gespeichert werden können; allerdings erklären sie ihren Partnern nicht, wie diese Funktion genutzt werden kann (Foit 2013). Die Übrigen ignorieren die Speichermöglichkeit, die das Abschreiben in ein Heft oder Übertragen auf Lernkarten obsolet machen könnte. Obwohl diese Funktion, so wie andere PEW-spezifische Funktionen, zu Beginn des Nutzungszeitraums eingeführt worden ist, scheint für die Schülerinnen und Schüler der Gedanke nicht nahe zu liegen, dass man ein PEW wie ein individualisiertes Vokabelheft nutzen kann.

Insgesamt entsteht der Eindruck, dass die PEW-Nutzer ihren Partnern die Grundfunktionen und die technischen Möglichkeiten zur raschen Suche gut erklären, dass sie aber die PEW-spezifischen Vorteile noch nicht ausschöpfen. Dieser Eindruck bestätigt die Ergebnisse einer Befragung von Bower und McMillan (2007), die offenkundig macht, dass erwachsene PEW-Nutzer längst nicht alle Funktionen ihrer Geräte kennen und nutzen, insbesondere die Speicherfunktion zum Zweck des Memorierens von Vokabular.

6.4.3 Wie erklären die Schülerinnen und Schüler den Konsultationsvorgang mit einem PEW?

In den aufgezeichneten Partnergesprächen der Videostudie, in denen sich die Lernenden den Konsultationsvorgang wechselseitig erklären, (vgl. Kapitel 5.3.3) zeigt sich, dass die Schülerinnen und Schüler bevorzugt ganze Sätze nachschlagen möchten. Sie suchen für einen deutschen Satz ein komplettes englisches Äquivalent und erläutern dies mit der Formulierung „Dann google ich einen Satz.". Ihr Vorgehen wird durch zwei Lösungsstrategien charakterisiert: Sie schlagen zum einen die Wort-für-Wort Übersetzung ganzer Sätze vor; zum anderen empfehlen sie, nur ein Suchwort einzugeben und im Eintrag nach dem passenden Satz zu suchen. Diese Suchpräferenzen unterstreichen ihren Bedarf nach korrekt geformten Sätzen oder Satzteilen (Engelberg / Lemnitzer 2009: 96), der bei der Weiterentwicklung digitaler Wörterbücher unbedingt zu berücksichtigen ist.

Unsicherheiten zeigen sich bei den Lernenden, wenn es um den Weg zur Auswahl der passenden Übersetzung auf der Ebene der Mikrostruktur des Eintrags geht. Die Erklärungen sind häufig lückenhaft – vermutlich vor allem deshalb, weil den Lernern das Verständnis der lexikographischen Informationen im einzelnen Eintrag fehlt. Die Lernenden sind sich zwar darüber bewusst, dass die Suchworteingabe mehrere Subeinträge hervorbringt:

> „Dann stehen hier verschiedene Aussagen, die man anklickt und dann kannst du später entscheiden. [...] Dann kannst du hier die einzelnen Wörter, z.B. wenn du auf ‚Laufschritt‘, dann kannst du hier auswählen."

Sie sind jedoch kaum in der Lage, metasprachliche Begriffe (wie etwa 'Umlaut', 'Wortart' oder 'zählbares Substantiv') zu verwenden und verweisen eher mit deiktischem 'Hier' oder 'Dies' auf relevante Informationen im Display.

Alle sechs PEW-Experten weisen jedoch auf die Möglichkeit der Äquivalenzprobe am Ende des Konsultationsvorgangs hin. Durch Betätigen der Sprungtaste ist z.B. ein Wechsel vom deutsch-englischen Wörterbuch hin zum englisch-deutschen rasch möglich und wird z.B. auf die folgende Weise kommentiert: „Wenn ein Wort sich dann selbst ergibt, ist es richtig." Eine ausgiebige Nutzung der Sprungfunktion kann jedoch während der videographierten Partnerarbeit nicht beobachtet werden.

6.5 Konsultationserfolg bei der Bearbeitung einer Schreibaufgabe mit PEW

Bereits in den frühen Phasen der MobiDic-Studie wird deutlich, dass die Art, wie die Lerner das PEW nutzen, von großer Bedeutung für den Erfolg des Wörterbuchgebrauchs zu sein scheint. Andererseits zeigt der Blick in die vorhandene Forschung, dass kaum etwas darüber bekannt ist, wie Schülerinnen und Schüler im Detail vorgehen, wenn sie ein PEW konsultieren. In den ersten Workshops berichten die beteiligten Lehrkräfte ebenfalls, dass es ihnen nicht gelingt, das Nachschlageverhalten im Unterricht genau zu beobachten. Außerdem äußern sie ihre Bedenken dazu, dass die Lernenden möglicherweise zu oft und zu undifferenziert zum PEW greifen. Aus diesen Gründen werden weitere Forschungsfragen aufgenommen, die auf die genaue Analyse von PEW-Konsultationen zielen und über den ursprünglichen Antrag auf Forschungsförderung (vgl. Kapitel 5.1) hinausgehen.

Was zeichnet einen erfolgreichen Nachschlagevorgang aus? Kann das bloße Überfliegen eines Eintrags oder das Identifizieren eines passenden Zielworts aus einem Eintrag schon als ein erfolgreicher Nachschlagevorgang gelten? Oder ist der Nachschlagevorgang erst dann erfolgreich gewesen, wenn das Wort korrekt in einen zu erstellenden Text eingefügt wird? Bislang gibt es wenig empirische Forschung zu der Frage, wie erfolgreich die Schüler das PEW für die Bearbeitung einer textproduktiven Aufgabe nutzen. Was machen sie genau beim Nachschlagen? Welche Schwierigkeiten treten in bestimmten Phasen bzw. Schritten des Nachschlagevorgangs auf? Welche Fehlerquellen beim Nachschlagen lassen sich beobachten? Welche Teile des Nachschlagevorgangs erweisen sich als fehleranfällig?

Das Untersuchungsdesign der Teilstudie besteht aus einem Setting, in dem insgesamt sechs Probanden (15-jährige Schülerinnen und Schüler einer der beiden Hauptschulen) in Partnerarbeit (Tandems) eine textproduktive Aufgabe mit Hilfe des PEWs bearbeiten (vgl. Kapitel 5.3.3). Sie werden anschließend zu dem Schreib- und Nachschlageprozess befragt. Die Gespräche, die zwischen den beiden Lernenden während der Bearbeitung geführt werden, werden aufgezeichnet und stehen in transkribierter Form als Daten zur Verfügung. Da die auf das Gerät gerichtete Kamera aufzeichnet, welche (Teil-)Konsultationen die Schülerinnen und Schüler in ihrem gemeinsam genutzten PEW vornehmen, und da die gesprochenen Äußerungen von der auf die Probanden gerichteten Kamera aufgenommen werden, können die Handlungen und mündlichen Texte mit den schriftlichen Texten abgeglichen werden, um zu einer Einschätzung zu gelangen, wie erfolgreich die Lerner das PEW benutzen. Die beiden Schüler verfügen über unterschiedliche Vorerfahrungen: Während Schüler A (Experte) bereits mit dem PEW arbeitet, hat Schüler B (Novize) bislang nur mit einem konventionellen Papierwörterbuch gearbeitet. In der Schreibaufgabe sollen die Schüler ihre Schule auf Englisch vorstellen. Die Schreibaufgabe erlaubt Einblicke in die Wörterbuchbenutzungskompetenz. Die Aufgabenstellung ist auf Deutsch verfasst, sodass die Schüler für die Texterstellung eine Rückübersetzung der Impulse vornehmen müssen. Die Aufgabe enthält eine Kontextualisierung mit authentischem Bezug zum Projekt (i) sowie zwei Scaffoldingmaßnahmen: ein Handlungsgerüst (ii) mit themenbezogenen Leitfragen und eine metakognitive Strukturierung des Schreibprozesses (iii).

Während der aufgezeichneten Partnerarbeit erstellen die aus Experte bzw. Expertin und Novize bzw. Novizin bestehenden Schülerpaare gemeinsam einen schriftlichen englischen Text über ihre Schule.

Abb. 6–8: Schreibaufgabe

i. Für die Homepage unserer Universität benötigen wir eine Beschreibung eurer Schule, weil diese am MobiDic-Projekt mitarbeitet. Bitte schreibt einen kurzen englischen Text, in dem ihr eure Schule vorstellt. Ihr dürft dazu das elektronische Wörterbuch benutzen.
ii. Die folgenden Fragen sollen euch helfen, ihr müsst sie aber nicht alle beantworten: Wo ist die Schule?   Warum hat sie den Spitznamen „Gertrude"?   Wie viele SchülerInnen und LehrerInnen gibt es ungefähr?   Von wann bis wann habt ihr Unterricht?   Gibt es besondere Angebote (z.B. AGs, Clubs)?   Was gefällt euch an der Schule?   Was würdet ihr gerne ändern?
iii. Sammelt zunächst erst einmal in Stichpunkten eure Ideen auf Englisch. Danach könnt ihr euch überlegen, in welcher Reihenfolge ihr daraus einen Text schreiben wollt.

Ziel der Befragung ist es, einzelne Teilschritte des Nachschlagevorgangs und Überlegungen der Lernenden, die zu bestimmten Entscheidungen geführt haben, zu rekonstruieren. Um eine hohe Durchführungsreliabilität zu gewährleisten, werden die Befragungen anhand eines strukturierten Interviewleitfadens durchgeführt.

Als theoretische Grundlage für die empirische Untersuchung des Nachschlagevorgangs in dieser Teilstudie wird das Konsultationsmodell von Engelberg / Lemnitzer (2009: 96) zugrunde gelegt. Es umfasst folgende Teilschritte (vgl. ausführlich Kapitel 3):

1. Kommunikationsproblem erkennen;
2. Beschließen, ein Wörterbuch zu nutzen;
3. Das relevante Lexem identifizieren;
4. Ein Wörterbuch wählen;
5. Das Lemma finden;
6. Angaben zum Lemma finden;
7. Informationen kontextadäquat anwenden.

Die Schritte 1–2 werden vorausgesetzt, weil ohne sie keine Wörterbuchbenutzung stattfindet. Die Identifikation des relevanten Lexems (Schritt 3) ist mitunter anspruchsvoll, weil von einer flektierten Form die Grundform gebildet werden muss oder aus einer phraseologischen Verbindung ein passendes Lexem herausgelöst werden muss. Auch das Auffinden des passenden Lemmas stellt eine Herausforderung dar, weil der Eintrag verschiedene Angebote macht, aus denen der

Lerner auswählen muss. Der Entscheidung, ein Wörterbuch zu benutzen, mag ein Abwägen vorausgehen, welches im Ausnahmefall von außen beobachtbar ist. Ob ein Lernender ein Kommunikationsproblem erkannt hat und er es mit Hilfe eines Wörterbuchs zu lösen in der Lage ist, wird man nur ermitteln können, wenn entsprechende Daten vorliegen, die während des Nachschlagevorgangs entstanden sind. Mit Hilfe des Modells lassen sich also bestimmte Schwierigkeiten der Wörterbuchbenutzung exakter beschreiben und Erfolgsindikatoren identifizieren.

Erfolgskriterien für die Wörterbuchbenutzung

Erfolgreiche Wörterbuchbenutzung kann aus einer prozess- und einer produktorientieren Perspektive betrachtet werden. Unter einer „prozessorientierten Perspektive" (Böttger 2013) werden die Schritte analysiert, die vom Nutzer durchlaufen werden. Ein erfolgreicher Nachschlagevorgang umfasst möglichst alle Konsultationsschritte, die im Modell von Engelberg und Lemnitzer (2009) enthalten sind. Unter einer „produktorientierten Perspektive" (Böttger 2013) wird ein Nachschlagevorgang dann als erfolgreich eingestuft, wenn am Ende der Konsultation die korrekte Lösung eines Kommunikationsproblems steht. Die Lösung manifestiert sich im Einfügen des nachgeschlagenen Wortes in den eigenen Text.

Die Datenbasis dieser Teilstudie besteht aus insgesamt 265 Schritten, die von den drei Schüler-Tandems während der Schreibaufgabe durchlaufen werden. Davon werden 203 (76,5%) mit Erfolg und 34 Schritte (12,8%) ohne Erfolg durchlaufen; 28 Schritte (10,7%) werden abgebrochen. Betrachtet man den Erfolg der Nachschlagehandlungen ausschließlich aus einer prozessorientierten Perspektive, sind alle sechs Probanden relativ erfolgreich, weil im Schnitt mehr als drei Viertel aller Schritte des Konsultationsprozesses erfolgreich durchlaufen werden (vgl. Tab. 6–5).

Tab. 6–5: Übersicht über die Qualität der Nachschlagehandlungen

Teilnehmer	Erfolgreich durchlaufene Schritte	Erfolglos durchlaufene Schritte	Abgebrochene Schritte	Zahl der individuellen Schritte
Tandem 1	84 (70%)	23 (19,2%)	13 (10,8%)	120 (100%)
Tandem 2	31 (77,5%)	5 (12,5%)	4 (10%)	40 (100%)
Tandem 3	88 (83,8%)	6 (5,7%)	11 (10,5%)	105 (100%)
Summe	203 (76,5%)	34 (12,8%)	28 (10,7%)	265 (100%)

Große Unterschiede zwischen den Tandems zeigen sich bei der Zahl der benötigten Schritte. Tandem 1 hat drei Mal so viele individuelle Schritte durchlaufen wie Tandem 2. Betrachtet man die erfolgreich durchlaufenen Schritte prozentual, dann setzt sich Tandem 2 nicht wesentlich von den beiden anderen Tandems ab: Bei der Zahl der erfolgreich durchlaufenen Schritte liegt Tandem 2 im Mittelfeld; bei der Zahl der abgebrochenen Schritte lassen sich kaum Unterschiede zwischen den Tandems feststellen.

In welchem Maße die Schritte aufeinander aufbauen, mag ein Beispiel aus den aufgezeichneten Schüleräußerungen verdeutlichen. Die Lernenden schlagen das Wort „Abendrealschule" nach, stellen aber bereits bei der Eingabe fest, dass dieses Wort nicht im Wörterbuch des PEWs enthalten ist. Sie beenden ihre Eingabe bei „abendrea". Diese Einsicht führt zu zwei Subkonsultationen: Die Lernenden brechen das Kompositum auf und schlagen nun die Wörter „Realschule" und „Abend" separat nach. Im Interview erklären die beiden Schüler (Tandem 1) ihr Vorgehen nach Bearbeitung der Schreibaufgabe:

IA08LI	Ja, wir haben erstmal ‚Realschule' eingetippt.
IA08LI	Ja. Und dann stand das da ((lacht)). Und dann stand da halt kein ‚Abend' davor.
IA08LI	Und dann haben wir ‚Abend' nochmal eingetippt. Ja. Und dann stand da ‚evening'. Also wir haben, dann stand da irgendwie ‚am späten Abend' und dann hat sie geschrieben ‚late'.
Forscher	Wie habt ihr euch entschieden, das [Abendrealschule, BD/RG/JK] zuübersetzen?
DA02RT	‚Late secondary school'.

Der Nachschlagevorgang wird bereits beim vierten Schritt (Lemma finden) abgebrochen, weil das gesuchte Item nicht auffindbar ist. Dass am Ende eine arbiträre Übersetzung steht, ist auch dadurch begründet, dass die beiden Lernenden die Eintragsinformationen nicht vollständig auswerten und nicht auf ihre Kommunikationsabsicht beziehen (*„late"* statt *„evening"*). Obwohl relevante Lexeme („Realschule") identifiziert werden, ist der Nachschlagevorgang nicht als erfolgreich zu bewerten, weil anhand der Übersetzung *„late secondary school"* weder Muttersprachler als fiktive Adressaten noch andere Lerner des Englischen eine Vorstellung von den Besonderheiten dieser Schulform gewinnen können. Obwohl die Lernenden zu jedem einzelnen Lemma (Realschule, Abend) relevante Eintragsinformationen finden (siehe oben, „Abend"), reflektieren sie nicht weiter, ob die gefundene Lösung das kommunikative Problem – ein passendes Äquivalent für die Schulform Abendrealschule zu finden – gelöst hat.

Dieses Beispiel zeigt, dass eine prozessorientierte Perspektive auf den Nachschlagevorgang, die den Erfolg einer Nachschlagehandlung am möglichst vollständigen Durchlaufen aller Teilschritte festmacht, um die produktorientierte Perspektive ergänzt werden muss. Erst so ist es möglich, zu einer validen Einschätzung des Erfolgs eines Nachschlagevorgangs zu gelangen. Eine produktorientierte Perspektive nimmt das Ergebnis des Nachschlagevorgangs in textproduktiver Hinsicht in den Blick und fragt nach der ko-textadäquaten Integration der nachgeschlagenen Informationen in den Text. Der Ko-text (Scrivener 2005: 230) meint die semantische und unmittelbare syntagmatische Umgebung, in die das Zielwort eingebettet wird. Im Folgenden wird anhand von einigen konkreten Beispielen der Erfolg von Nachschlagehandlungen aus einer produktorientierten Perspektive aufgezeigt. Eine prozessorientierte Analyse des Nachschlagevorgangs lässt sich aus den Interviewdaten rekonstruieren und erhellt zusätzlich die Gründe für erfolgreiche oder erfolglose Nachschlagevorgänge.

Der Erfolg der Nachschlagehandlungen im Überblick

Die untenstehende Tabelle 6–6 gibt einen Überblick über die von jedem Tandem nachgeschlagenen Wörter und zeigt, wie hoch der Anteil der erfolgreichen, der fehlgeschlagenen und der abgebrochenen Nachschlagevorgänge ist. Insgesamt werden mehr als die Hälfte aller Konsultationen erfolgreich abgeschlossen. Etwa jeder fünfte Nachschlagevorgang ist indes nicht erfolgreich und mehr als ein Viertel wird abgebrochen. Tandem 3 schlägt insgesamt am erfolgreichsten nach: Diese beiden Lernenden sind in mehr als 60% der von ihnen nachgeschlagenen Wörter erfolgreich. Zwar hat Tandem 2 eine ähnlich hohe Erfolgsquote, jedoch ist in Anrechnung zu bringen, dass Tandem 2 insgesamt deutlich weniger Wörter nachschlägt, sodass die absolute Zahl erfolgreicher Konsultationen nur bei 5 liegt, bei Tandem 3 jedoch bei 13. Tandem 1 schlägt zwar die meisten Wörter nach, ist dabei aber nur in rund einem Drittel aller erfolgten Konsultationen erfolgreich. Mehr als ein Drittel aller Konsultationen führen nicht zum Erfolg und mehr als jede fünfte Konsultation wird ohne Ergebnis abgebrochen.

Tab. 6-6: Übersicht der nachgeschlagenen Wörter

	Anzahl der Konsultationen (gesamt)	Erfolgreiche Konsultationen	Fehlgeschlagene Konsultationen	Abgebrochene Konsultationen
Tandem 1	24	8 (33,3%)	9 (37,5%)	7 (29,2%)
		Kiosk, Schüler, groß, Brötchen, Klassenarbeit, schreiben, Schule, beginnen	Informatik, Textil, Technik Hauptschule, Spitzname, Klasse, Realschule, Abend, teilen	Schulkiosk, Schulklasse, schoolki, liegt, Klässler, Klassen, abendrea
Tandem 2	8	5 (62,5%)	1 (2,5%)	2 (25%)
		Kiosk (3x), kiosk, ändern	Verkaufen	Hauptschule, svchal
Tandem 3	21	13 (62%)	2 (9,5%)	6 (28,5%)
		gegenüber, Schwebebahn, ungefähr/ca, Sporthalle (3x), would, wenn, if, wenig, kurz	reparieren, Schüler	ungefähr, regelmäßig, wir, gerne, endlich, bis total
N=6	53 (100%)	27 (50,9%)	11 (20,8%)	15 (28,3%)

Der Nachschlagevorgang für das Wort „ändern" (Tandem 2) kann sowohl unter einer produkt- wie auch unter einer prozessorientierten Perspektive als erfolgreich angesehen werden, weil die einzelnen Schritte erfolgreich durchlaufen werden und es am Ende zu einer adäquaten Integration des Zielworts in den Text kommt. Im Text der Schüler liest man den folgenden Satz: „We would change the teachers and pupils on the school."[13] Im Interview wird allerdings deutlich, dass die Schüler so gut wie keine Angaben zu dem Lemma aus dem Wörterbucheintrag ausgewertet haben und dies auch offenbar nicht tun müssen, weil das Wort ihnen noch aus einer vorherigen Unterrichtseinheit bekannt ist. Das Wiedererkennen des Wortes *change* reicht offenbar aus, um die Schüler in ihrer Entscheidung sicher zu machen („Und dann, wo wir das gesehen hatten, wussten wir schon, ja OK, das ist das.").

---

13 Schüleräußerungen werden im Original wiedergegeben. Fehler werden nicht markiert oder korrigiert.

Forscher	Im letzten Satz habt ihr ja das Wort ‚ändern' gesucht. Könnt ihr den Suchvorgang nochmal zeigen und erklären?
MP11UL	Ja, wir haben wieder ‚von Deutsch auf Englisch'.
Forscher	Ja.
MP11UL	Haben hier ‚ändern' eingegeben. (4) Und ‚Enter' gedrückt und haben das gesucht. Und dann stand hier direkt ‚change' drunter. Und für ‚ändern' haben wir ‚change' genommen.
Forscher	hm=hm Warum habt ihr gerade das genommen?
LU07AT	Weil wir es auch in der Klasse als Thema hatten, also wir hatten ja auch Vokabeln gelernt, aber das war gerad eben nicht in unseren Kopf gekommen. Und dann wo wir das gesehen hatten, wussten wir schon, ja OK, das ist das. Und dann haben wir das (unv.) geschrieben.

Ein weiteres Beispiel für einen erfolgreichen Nachschlagevorgang ist das Wort *if*, welches von Tandem 3 nachgeschlagen wird. Das Wort wird zwei Mal im zu produzierenden Text verwendet:

It would be better if the school repair the sports complex. […] It would be better if the school have AGs and Clubs.

Im Interview wird die Unsicherheit der Schüler im Umgang mit den Eintragsinformationen deutlich („Als es erstes gab's da keine Lösung."), die sie dadurch auflösen, dass sie mit Hilfe der Sprungfunktion die Gegenprobe im Wörterbuch Englisch-Deutsch machen.

EN05KO	Wir haben ‚wenn' eingegeben, um zu gucken, was das dann war. Dann stand da ‚when, whenever'. Da hat, als erstes gab's da keine Lösung. Dann stand da beim zweiten stand da das ‚if'. Da haben wir einfach mit der Sprungfunktion sind wir einfach auf das ‚if' gegangen. Und haben mithilfe der Sprungvorgang, haben wir dann auf ‚Enter' geguckt. Haben es dann von Englisch auf Deutsch nochmal übersetzen können und konnten dann darüber gucken, dass ‚if' auch ‚wenn' heißt. […]
EN05KO	Nein, als erstes hattest du ‚when', dann stand da noch das ‚if' als zweites.
ON11AN	Als zweites
Forscher	Genau, es ist ja beides möglich. Aber warum habt ihr euch für ‚if' entschieden?
EN05KO	‚If' wird ja für die Fragewörter benutzt, deshalb haben wir das so. Kann man als Fragewort benutzen oder auch für Antworten. ‚Was wäre, wenn?'. [Und so].

Auf Nachfrage erläutern die beiden Schüler, warum sie sich für *if* und nicht für *when* entschieden haben. Auch wenn die Interpretation des Eintrags nicht ganz frei von Widersprüchen ist („*if* wird ja für Fragewörter benutzt"), zeigt sich bei den Lernenden dennoch ein erhöhtes Bewusstsein für Eintragsinformationen und eine Sensibilität im Umgang mit den dargebotenen Informationen. Man kann die Hypothese aufstellen, das lexikalische Bewusstheit (Nation 2008b) und der Erfolg von Nachschlagevorgängen in einem Zusammenhang stehen. Eine erhöhte lexikalische Bewusstheit kann die syntagmatisch und paradigmatisch angemessene Integration von Zielwörtern in eigene, zu produzierende Texte fördern.

Häufige Fehlerquellen beim Nachschlagen

Die häufigsten Fehlerquellen beim Nachschlagen, so wie sie sich aus den Daten ableiten lassen, sind Abbildung 6–9 zu entnehmen.

Abb. 6-9: Fehlerquellen beim Nachschlagen

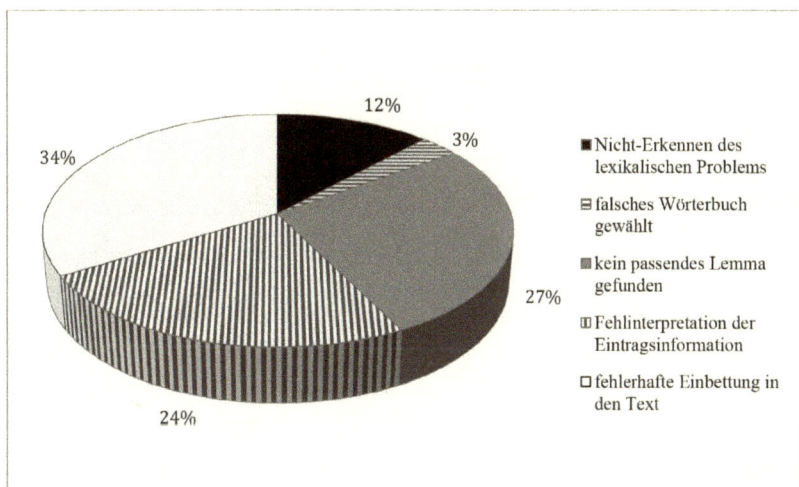

Fehler häufen sich insbesondere beim Einbetten des Wortes in den Text. Aber auch die Identifikation des passenden Lemmas und die fehlerhafte Verarbeitung von Informationen aus dem Eintrag sind häufige Fehlerquellen. Die Tandems unterscheiden sich darin, wie häufig sie Teilschritte des Nachschlagevorgangs erfolglos durchlaufen (vgl. Tab. 6–7).

Tab. 6-7: *Überblick über Nachschlagefehler der drei Tandems*

Fehler beim Nachschlagevorgang/ Schritte ohne Erfolg	Tandem 1 IA08LI/DA02RT	Tandem 2 LU07AT/ MP11UL	Tandem 3 EN05KO/ ON11AN	Gesamt (34, 100%)
Fehler bei der Identifizierung des Lemmas	4 (Textil, liegt, Klässler, Klassen)	–	–	4 (11,8%)
Falsches Wörterbuch gewählt	–	1 (Hauptschule)	–	1 (2,9%)
Kein passendes Lemma gefunden	7 (Schulkiosk, schoolki, Textil liegt, Klässler, Klassen, abendrea)	2 (Hauptschule, svchul)	–	9 (26,5%)
Fehlinterpretation der Eintragsinformation	4 (Informatik, Hauptschule, Abend, teilen)	1 (verkaufen)	3 (haben, gerne, denn)	8 (23,5%)
Fehlerhafte Einbettung in den Text	8 (Informatik, Textil, Hauptschule, Spitzname, Klasse, Realschule, Abend, teilen)	1 (verkaufen)	4 (Schüler, haben, reparieren)	13 (35,3%)
Gesamt	23	5	7	35 (100%)

Mögliche Gründe, weshalb Eintragsinformationen falsch interpretiert werden, sind den Interviewtranskripten zu entnehmen. Im Text von Tandem 1 findet sich folgender Satz: „We divide our school with an late secondary school." Der Nachschlagevorgang ist im Hinblick auf das nachgeschlagene Lemma 'teilen' nicht erfolgreich. Im Interview wird deutlich, dass die Lernenden durchaus Hinweise auf Bedeutungsreichweiten von *share* und *divide* zur Kenntnis genommen haben. In der Rückschau ist ihnen sogar klar, dass das Lexem, welches die Bedeutung „etwas gemeinsam haben" realisiert, besser zur eigenen Aussageabsicht passt. Das Beispiel zeigt die Komplexität der Prozesse, die weit mehr als einen linearen Prozess des Abarbeitens der Schritte aus dem Konsultationsmodell beinhalten (vgl. Abb. 3–1). Der Nachschlagevorgang stellt sich vielmehr als ein zyklischer Prozess dar, bei dem Eintragsinformationen mit der eigenen Aussageabsicht abgeglichen werden müssen. Dieser Abgleich führt vor allem bei polysemen Wörtern zu Konfliktlagen, wenn die Eintragsstruktur divergent ist, d.h. wenn es für das nachgeschlagene Wort mehrere potenzielle Zielwörter gibt (vgl. Kassel i. V.). Im Fall des Wortes „teilen" ist die Integration in den Text nicht an lexiko-grammatischen oder morpho-syntaktischen Problemlagen gescheitert, sondern bereits bei der Entscheidung für ein unpassendes Lexem aus dem Eintrag, wel-ches fälschlicherweise als geeignet für die Realisierung der eigenen Aussageab-sicht angesehen wird.

DA02RT	Wir haben auf ,Deutsch-'Englisch' und ,teilen'. Und dann stand da als erstes-das. Deswegen haben wir das genommen.
Forscher	hm=hm Also die erste Möglichkeit?
IA08LI	Obwohl dahinter ,aufteilen' steht.
Forscher	Ja, was meinst du mit „dahinter steht das", was.
IA08LI	Ja, in Klammern steht ja ,aufteilen' (unv.) ,divide'. Das bedeutet dann, das ist ,divide'. Wahrscheinlich.
	[...]
IA08LI	Ich hätte eigentlich für ,gemeinsam haben'. Aber ((lacht)) [Ich weiß nicht].
Forscher	[Die Variante] hättest du gewählt?
IA08LI	Ja.
Forscher	Und warum (---) warum hättest du gedacht, dass das besser passt, als ,divide'?
IA08LI	Ja, weil wir haben ja gemeinsam diese Schule.
Forscher	hm=hm Das heißt, was wolltet ihr eigentlich erklären, wenn ihr auf Deutsch.
IA08LI	Dass wir uns diese, dass wir diese Schule. Ne, was wollten wir sagen?
DA02RT	Dass wir uns die Schule mit der Abendrealschule teilen.

Integration der nachgeschlagenen Wörter in den eigenen Text

Die Analyse des Konsultationserfolgs umfasst zudem die Frage, inwiefern es den sechs Lernenden gelingt, die aufgefundenen Wörter korrekt in Satzzusammen-hänge zu integrieren. Mehr als zwei Drittel aller Nachschlagevorgänge (71%) werden erfolgreich abgeschlossen; weniger als ein Drittel (31%) aller Nachschla-gevorgänge missglücken.

Die Übersicht (vgl. Tab. 6–8) zeigt, dass alle Wortarten bei der misslungenen Integration in den Text betroffen sind und dass auch semantisch unpassende Wörter übernommen werden, obwohl der Wörterbucheintrag entsprechende Informationen zur Passung des Zielwortes im jeweiligen Satz- und Sinnzusam-menhang enthält.

Tab. 6–8: *Überblick über passende Integration von Wörtern in den Lernertext*

	Tandem 1 IA08LI/ DA02RT	Tandem 2 LU07AT/ MP11UL	Tandem 3 EN05KO/ ON11AN	38 abgeschlossene Nachschlagevorgänge
Wurde die Eintragsinformation korrekt in den Text integriert?				
Ja	9 (Kiosk, Technik, Schüler, groß Brötchen, Klassenarbeit, schreiben, Schule, beginnen)	5 (3x Kiosk, kiosk, ändern)	12 (gegenüber, Schwebebahn, ungefähr/ca., 3x Sporthalle, would, denn, wenn, if, wenig, kurz)	26 (68,4%)
Nein	8 (Informatik, Textil, Hauptschule, Spitzname, Klasse, Realschule, Abend, teilen)	1 (verkaufen)	3 (Schüler, haben, reparieren)	12 (31,6%)
Warum wurde das Wort nicht integriert?				
Ausgewähltes Wort ist unpassend.	6 (Informatik, Textil, Hauptschule, Realschule, Abend, teilen)	1 (verkaufen)	–	7 (58,3%)
Passendes Wort wird morphosyntaktisch falsch integriert.	2 (Spitzname, Klasse)	–	3 (Schüler, haben, reparieren)	5 (41,7%)

Im Schülertext von Tandem 2 findet sich der folgende Satz: „We like that that the school Kiosk sale Ayran." Der Auszug aus dem Interview führt vor Augen, dass die beiden Lernenden die grammatische Information des Eintrags fehlinterpretiert haben. Die angebotene Übersetzung haben sie als Verb betrachtet.

MP11UL   Ja, wir haben ‚verkaufen' eingegeben (2) und dann kam das auch schon.

LU07AT   (unv.) Drücke 'Enter'. 'For sale'.

Forscher   Ihr habt ja das Wort ‚sale' euch ausgesucht. Warum habt ihr euch dafür entschieden?

MP11UL   Weil das ähm, hier, mit ‚zu verkaufen‘ ist und dann ‚for sale‘. [...] Ja, das
         andere war ja dann nicht ‚verkaufen‘, oder. Ja.
LU07AT   Man [verkauft sich ja nicht].

Der Kontext der Kollokation *for sale* wird nicht weiter beachtet und auch der
Hinweis auf das deutsche „zu verkaufen" im Eintrag bleibt unberücksichtigt. Den
Lernenden entgeht ebenfalls, dass vor *sale* noch die Präposition *for* steht, was ihnen eigentlich hätte zeigen müssen, dass es sich hier nicht um ein Verb handeln
kann.

Zum Schluss soll der Fall *repair*, ein Wort, welches die beiden Schüler zwar
richtig nachgeschlagen haben, dessen Integration in den Text ihnen jedoch miss-
lingt, betrachtet werden. In dem aufgezeichneten Gespräch erkennt man, dass
die Lernenden eine passivische Konstruktion anstreben, dann aber feststellen,
dass in dem Satz etwas fehlt und sie stattdessen mit einem Modalverb („könnte")
arbeiten wollen. Die Grammatik des einleitenden if-Satzes mit Konjunktiv wird
jedoch im Hauptsatz nicht in der passenden Zeitform realisiert. Insgesamt zeigt
dieses Beispiel, dass die Lernenden offenbar eine Wort-für-Wort Übersetzungs-
methode anwenden, um die Schreibaufgabe zu bewältigen. Weitere Analysen
müssten klären, ob die Verfügbarkeit eines Wörterbuchs die Verwendung dieser
Wort-für-Wort Strategie verstärkt und ein verfügbares PEW das Abrufen von
bereits gespeicherten Mehrworteinheiten (*chunks*) eher blockiert.

EN05KO   Es hat sich aufgehangen. Doch nicht. (3) Ah, ‚reparieren‘, ‚repair‘.
ON11AN   ‘Repair the’. Ja.
EN05KO   ‘If would be better, if the school sports complex repair’.
ON11AN   Ja, es geht.
EN05KO   Wir brauchen noch ‚könnte‘, oder nicht?
ON11AN   Aber, es wär besser wenn, ‘if the school repair the sports complex’. Aber das
         ist eigentlich das Gleiche.
EN05KO   Also ‚repair the‘. Müsste man das eigentlich nochmal so machen.

Auf der methodischen Ebene ist anzumerken, dass die Partnerarbeit in Teilen
angepasstes oder sozialverträgliches Verhalten produziert hat. Wenn Schüler A
ein Wort findet und B damit nicht ganz einverstanden ist, kann es zum Konflikt
kommen, wenn einer der Partner „seine" Lösung durchsetzen will und die andere
Partnerin sich gezwungen sieht nachzugeben, wie in diesem Beispiel erkennbar:

Forscher   Ahja. (3) Aber die [IA08LI] hat sich durchgesetzt äh oder, wie seid ihr dann
           zu der Entscheidung gekommen [diese Variante zu nehmen].
IA08LI   [(((lacht))] Ich weiß nicht.

Fazit

Im Hinblick auf die Leitfrage dieser Teiluntersuchung bestätigen die empirischen Daten die Annahme, dass eine Nachschlagehandlung nur dann als erfolgreich gelten kann, wenn am Ende die semantisch und syntaktisch korrekte Integration des Wortes in den Satzzusammenhang steht. Die Redewendung „The proof of the pudding is in the eating." lässt sich für den Nachschlagevorgang wie folgt abwandeln: „The proof of the consultation is in the text." Auch wenn der Anteil der zuvor durchlaufenen Teilschritte mitunter recht hoch ist und man dazu neigt, die Zahl der erfolgreich durchlaufenen Schritte als prozessorientierten Nachschlageerfolg zu werten, sollte man nicht aus dem Blick verlieren, dass der Anlass der Wörterbuchbenutzung stets ein kommunikatives Problem und das Ziel seine Lösung ist. Insofern macht es Sinn, die Lösung des kommunikativen Problems als vorrangiges Kriterium für den Nachschlageerfolg zu definieren und bei der Suche nach Erfolgsindikatoren die produktorientierte Perspektive über die prozessorientierte Perspektive zu stellen. Gleichwohl macht die Unterscheidung einer produkt- und einer prozessorientierten Perspektive weiterhin Sinn. Über eine prozessorientierte Perspektive, die sich an einem Modell der Wörterbuchkonsultation (vgl. Kapitel 3) orientiert, lassen sich Misserfolge und Schwierigkeiten des Nachschlagevorgangs aufspüren und später im Unterricht auf der Metaebene thematisieren. Erst wenn Klarheit darüber besteht, mit welchen Problemen sich Lernende während des Nachschlagevorgangs konfrontiert sehen, lässt sich ein Methodentraining der Wörterbuchbenutzung bedarfsorientiert entwickeln und durchführen. Die qualitativen Daten der Untersuchung geben Einblicke in das Nutzerverhalten und spezifische Herausforderungen, mit denen sich vor allem leistungsschwächere Lernende bei der Benutzung eines zweisprachigen Wörterbuchs konfrontiert sehen. Die curriculare Erwartung, dass Lernende ein „zweisprachiges Wörterbuch zur eigenständigen Erschließung von unbekannten Wörtern und zum Fehlercheck nutzen" (MSW 2011: 27) können, ist in der Praxis weder voraussetzungslos noch trivial.

Die Benutzung eines PEWs scheint den Schülerinnen und Schülern der MobiDic-Studie das selbstständige Verfassen von Texten zu erleichtern, da sie eine basale, aber durchaus zufriedenstellende Wörterbuchbenutzungskompetenz ausgebildet haben. Sprachliche Defizite führen jedoch dazu, dass die sprachlichen Hilfen des Wörterbuchs nicht in vollem Umfang genutzt werden können. Lernende benötigen daher nicht nur ein spezifisches Training, sondern auch konsequente Unterstützung bei der Erweiterung ihres lexikalischen und grammatikalischen Könnens und Wissens.

6.6 Die Perspektive der Lernenden

Bei der nachfolgenden Darstellung von Ergebnissen ist zu beachten, dass die Gruppenzuordnung in PEW- und PW-Kurse erst zu Beginn der neunten Klasse erfolgt und damit erst nach der Prä-Befragung. Mögliche Unterschiede in den Prä-Daten sind daher zufällig und nicht auf den Einsatz des PEWs zurückzuführen. Da es sich um nominal- bzw. ordinalskalierte Daten handelt, werden im Folgenden die Häufigkeit oder der Median als Durchschnittswert berichtet.

6.6.1 Wörterbuchbenutzung[14]

Im Hinblick auf das genutzte Wörterbuchmedium zeigt sich, dass Schülerinnen und Schüler beider Gruppen am Ende der achten Klasse vor allem die Wörterliste auf den letzten Seiten ihrer Englischschulbücher nutzen (vgl. Abb. 6–10). Während sie diese durchschnittlich ein paar Mal pro Woche konsultieren, werden PW ein paar Mal pro Monat genutzt. Internet-Wörterbücher werden von der PEW-Gruppe häufiger genutzt als von der PW-Gruppe. Im Gegensatz dazu werden in beiden Gruppen weder PEW noch Wörterbuch-Apps auf Handys genutzt.

In der Post-Befragung zeigen sich einige Unterschiede zwischen den Gruppen. In der PEW-Gruppe ist die PW-Nutzung rückläufig, während die PW-Nutzung in der PW-Gruppe konstant bleibt. Beide Gruppen greifen seltener auf die Wörterliste im Lehrwerk zurück, nämlich im Durchschnitt nur noch ein paar Mal im Monat. Im Gegensatz dazu ist die Häufigkeit der Benutzung elektronischer Wörterbücher angestiegen. In beiden Gruppen werden durchschnittlich mehrere Male pro Monat Internet-Wörterbücher genutzt. PEW, die den Schülerinnen und Schülern zum Zeitpunkt des Prä-Fragebogens unbekannt waren, werden bei der Posterhebung von der PEW-Gruppe mehrere Male im Monat benutzt. Die Nutzung von Wörterbuch-Apps hat in der PW-Gruppe stärker zugenommen als in der PEW-Gruppe.

---

14 Die Teiluntersuchung zur Wörterbuchbenutzung der Schülerinnen und Schüler wird in einer aktuellen Forschungsarbeit genauer dargestellt (vgl. Kassel i. V.).

PEW-Nutzer   ■ N_prä = 66; ▨ N_post = 46

PW-Nutzer   ■ N_prä = 40; ▨ N_post = 33

Ein paar Mal pro Woche

Ein paar Mal pro Monat

Ein paar Mal pro Jahr

Nie

PW   Lehrwerk   Internet   PEW   Handy

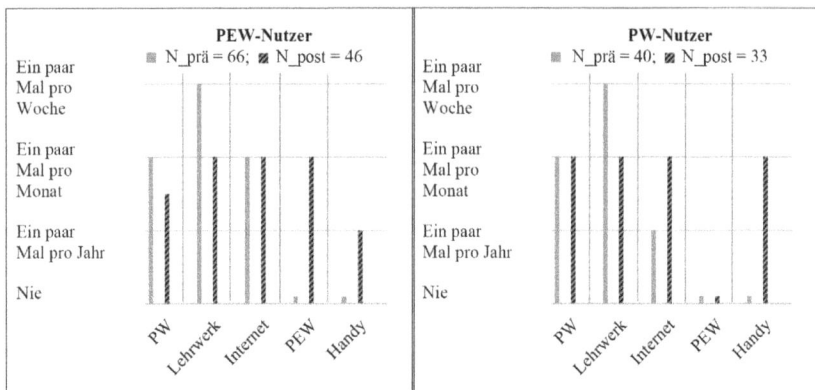

Zusammenfassend kann man feststellen, dass die Benutzung von gedruckten Wörterbüchern (PW und Lehrwerk) abnimmt. Dies gilt in höherem Maße für die Schüler, die im Unterricht mit PEW arbeiten. Der Anstieg der Nutzungshäufigkeit der PEW fällt erwartungsgemäß aus. Allerdings werden PEW den Schüleraussagen zufolge nicht jede Woche genutzt. Das deckt sich mit den Aussagen der Lehrpersonen in den Gruppeninterviews (vgl. Kapitel 6.7). In zwei Englisch-Kursen stehen die PEW so gut wie jede Stunde zur Verfügung. Allerdings bedeutet die regelmäßige Verfügbarkeit nicht, dass die Schülerinnen und Schüler auch in jeder Stunde etwas nachschlagen. In den beiden anderen PEW-Kursen werden die Geräte fokussiert und im Schnitt einmal pro Woche angeboten. Es gibt jedoch auch Wochen, in denen die PEW nicht genutzt wurden. Diese Informationen bestätigen die Selbstauskünfte der Schülerinnen und Schüler zur PEW-Benutzung. Folglich bedeutet die Verfügbarkeit von PEW nicht, dass die Schülerinnen und Schüler im Englischunterricht immer Zugriff auf PEW haben.

Die gestiegene Wörterbuch-App-Nutzung kann zum Teil durch eine höhere Besitzrate von Smartphones zum Zeitpunkt der Post-Erhebung erklärt werden. Diese Annahme wird von den Ergebnissen der JIM-Studien gestützt. Demzufolge besaßen 2011 24% der befragten Hauptschülerinnen und -schüler ein Smartphone (MPFS 2011: 57). Dieser Wert hat sich 2012 auf 42% erhöht (MPFS 2012: 52). Die Tatsache, dass im Prä-Fragebogen keine der befragten Personen Wörterbuch-Apps nennt, lässt sich möglicherweise dadurch erklären, dass es sich um eine Schülergruppe aus einem sozio-ökonomisch schwachen Umfeld handelt. Weiterhin überrascht der geringere Anstieg der App Benutzung in der

PEW-Gruppe. Es ist zu prüfen, ob die Verfügbarkeit der PEW die Nutzung der Wörterbuch-Apps in den Augen der Schüler unnötig macht.

Wörterbücher werden primär für schulische Zwecke und kaum für Konsultationen in der Freizeit genutzt (vgl. Abb. 6–11). Auf die Frage „Wann und wo benutzt du ein Wörterbuch?" berichten die PW-Nutzer eine höhere Benutzungshäufigkeit als PEW-Nutzer. Die berichtete Benutzungsfrequenz der PW-Nutzer nimmt im Post-Fragebogen jedoch stärker ab, während die Angaben der PEW-Nutzer verhältnismäßig konstant bleiben.

Abb. 6–11: Durchschnittliche Benutzungshäufigkeit differenziert nach Nutzungssituationen

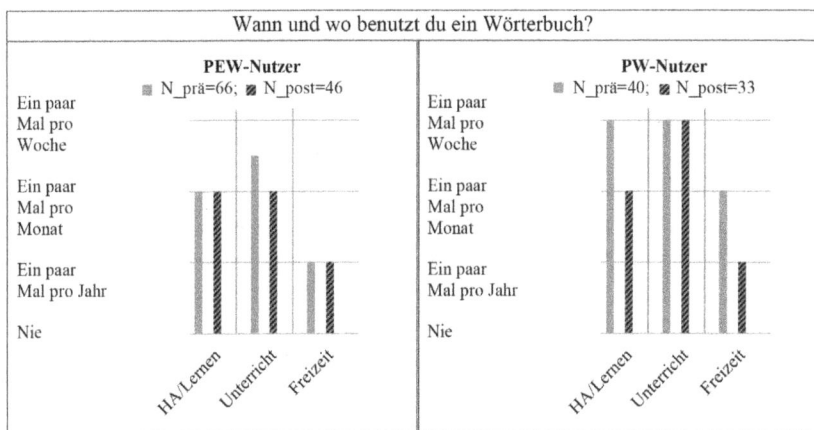

Nutzen die Schülerinnen und Schüler die Wörterbücher auch für andere Sprachen? Wörterbücher werden primär für das Englische herangezogen. Fast alle Befragten, nämlich 97,1% im Prä-Fragebogen (N = 105) und 98,7% im Post-Fragebogen (N = 79), geben an, dass sie ein bilinguales Englisch-Deutsch Wörterbuch nutzen. Weiterhin wird von Schülerinnen und Schülern mehrfach angegeben, dass sie Wörterbücher für Türkisch-Deutsch, Französisch-Deutsch, Italienisch-Deutsch, Russisch-Deutsch und Latein-Deutsch benutzen. Diese Sprachen werden nur in Einzelfällen als Bezugssprache für das Englische herangezogen. Es geben z. B. nur zwei Personen im Post-Fragebogen an, ein englisch-türkisches und drei Personen ein englisch-russisches Wörterbuch zu nutzen. An zweiter Stelle wird der Duden genannt, den im Prä-Fragebogen 56,2% und im Post-Fragebogen 41,8% aller Schülerinnen und Schüler nutzen.

PEW zeichnen sich durch PEW-spezifische Funktionen aus (vgl. Kapitel 2). Es liegen bisher nur wenige Erkenntnisse darüber vor, in welchem Ausmaß

PEW-Nutzer von diesen PEW-spezifischen Funktionen Gebrauch machen. Die PEW-Nutzer der MobiDic-Studie werden daher zu den PEW-spezifischen Funktionen gesondert befragt.

Im Ergebnis zeigt sich, dass die Nutzung PEW-spezifischer Funktionen im Laufe des Benutzungs- und Untersuchungszeitraums zunimmt (vgl. Abb. 6–12). Dies gilt insbesondere für die Sprungfunktion und die Verlaufsfunktion. 69% der PEW-Nutzer geben im Post-Fragebogen an, die Sprungfunktion sehr häufig zu nutzen. Entsprechendes gilt für 80% der PEW-Nutzer in Bezug auf die Verlaufs-funktion. Die *My Words*-Funktion wird hingegen etwas weniger häufig genutzt: 62% der PEW-Nutzer geben in der Post-Befragung an, häufig individuelle Wort-listen zu erstellen. Die Angaben zur Benutzung der *Quick View*-Funktion steigt zwar von 27% auf 55%, es handelt sich dennoch um die am wenigsten erwähnte Sonderfunktion.

Diese Zahlen sprechen dafür, dass einige PEW-spezifische Funktionen re-lativ häufig genutzt werden. Mit Blick auf die videogestützte Erhebung, in der PEW-Nutzer diese Funktionen erklären sollen, sind diese Ergebnisse jedoch mit Vorsicht zu interpretieren. Auch das zufällige Aufrufen der *My Words*-Funktion einiger PEW hat gezeigt, dass diese Funktion keineswegs regelmäßig und zielge-richtet genutzt wird. Nicht auszuschließen ist, dass die Schülerinnen und Schüler diese Fragen aus Gründen der sozialen Erwünschtheit besonders positiv beant-wortet haben.

Die Antworten auf die Frage, ob die Funktion bekannt ist, sind vermutlich belastbarer als die Angaben zur durchschnittlichen Benutzung. In der Gesamt-schau lassen die Ergebnisse der Befragung (vgl. Abb. 6–12) den Schluss zu, dass die Schülerinnen und Schüler ihr PEW im Laufe der Benutzungszeit besser kennengelernt haben. Dies gilt vor allem für die Sprungfunktion und die Ver-laufsfunktion. Wendet man die Ergebnisse der Befragung ins Positive, so ken-nen am Ende der Benutzungszeit 83% der Probanden die Sprungfunktion und 98% die Verlaufsfunktion. Diese Ergebnisse geben Anlass zu der Annahme, dass diese beiden Funktionen von den Schülerinnen und Schülern am häufigsten ge-nutzt werden. Der Bekanntheitsgrad der *My Words*-Funktion ist zwar gestiegen (34% markieren sie im PEW-Erst-Fragebogen als unbekannt; im PEW-Post-Fragebogen sind es nur noch 22%), dennoch wird diese Funktion in geringem Umfang genutzt. Dass die *Quick View*-Funktion auch am Ende der Benutzungs-zeit noch 40% der Schülerinnen und Schüler unbekannt ist und offenbar ins-gesamt wenig benutzt worden ist, spiegelt sich auch in den Interviews mit den Tandems und den Gesprächen während der Bearbeitung der textproduktiven Aufgabe wider (vgl. Kapitel 6.5).

Abb. 6–12: Nutzung PEW-spezifischer Funktionen

Wenn Du 10 Wörter im elektronischen Wörterbuch nachschlägst, wie oft nutzt du die...?

PEW-Erst-Fragebogen
(N = 66)

PEW-Post-Fragebogen
(N = 46)

...Sprung-Funktion?

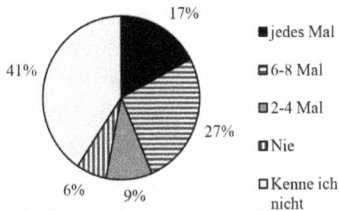

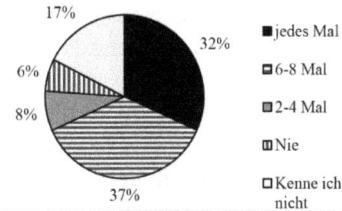

17%
41%
27%
6% 9%

- jedes Mal
- 6-8 Mal
- 2-4 Mal
- Nie
- Kenne ich nicht

...Sprung-Funktion?

17%
32%
6%
8%
37%

- jedes Mal
- 6-8 Mal
- 2-4 Mal
- Nie
- Kenne ich nicht

...Quick View-Funktion?

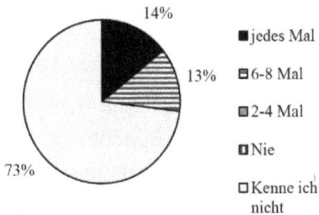

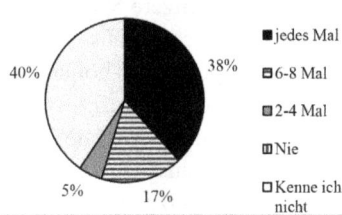

14%
13%
73%

- jedes Mal
- 6-8 Mal
- 2-4 Mal
- Nie
- Kenne ich nicht

...Quick View-Funktion

38%
40%
5% 17%

- jedes Mal
- 6-8 Mal
- 2-4 Mal
- Nie
- Kenne ich nicht

...My Words-Funktion?

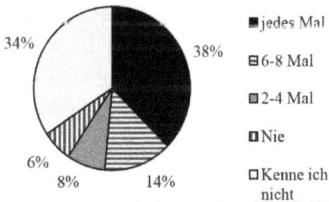

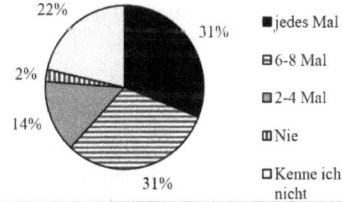

34%
38%
6%
8% 14%

- jedes Mal
- 6-8 Mal
- 2-4 Mal
- Nie
- Kenne ich nicht

...My Words-Funktion

22%
31%
2%
14%
31%

- jedes Mal
- 6-8 Mal
- 2-4 Mal
- Nie
- Kenne ich nicht

...Verlauf-Funktion?

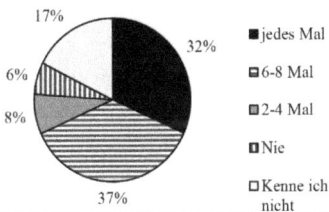

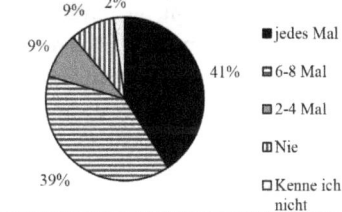

17%
32%
6%
8%
37%

- jedes Mal
- 6-8 Mal
- 2-4 Mal
- Nie
- Kenne ich nicht

...Verlauf-Funktion?

9% 2%
9%
41%
39%

- jedes Mal
- 6-8 Mal
- 2-4 Mal
- Nie
- Kenne ich nicht

6.6.2 Die Einstellung der PEW-Nutzer zu Wörterbüchern[15]

Die PEW-Nutzer werden zu ihrer Einstellung in Bezug auf beide Wörterbuchmedien, PEW und PW, befragt. Die PW-Nutzer, die den Umgang mit dem PEW nicht kennen, werden hingegen nur zu PW befragt (vgl. Kapitel 5.3.4). Ein zentrales Ergebnis ist, dass die Gruppe der PEW-Nutzer den Aufwand und Nutzen der Wörterbuchbenutzung beim PEW in einem günstigeren Verhältnis sieht als bei PW. Die Fragebogenauswertung zeigt außerdem, dass sich in der Gruppe der PEW-Nutzer die Einstellung zu PEW einerseits und zu PW andererseits deutlich voneinander unterscheiden.

Der Median für den empfundenen Nutzen der PW-Benutzung sinkt von 3,0 auf 2,8 und die beiden mittleren Quartile verkleinern sich (vgl. Abb. 6–13). Die Ergebnisse zum Nutzen der PEW-Benutzung zeigen eine gegenteilige Entwicklung. Hier steigt der Median für den empfundenen Nutzen der PEW-Benutzung von 3,2 im PEW-Erst-Fragebogen auf 3,3 in der Post-Erhebung. Die Werte haben eine wesentlich geringere Spannbreite als im PW-Fragebogen (vgl. Abb. 6–13). Schülerinnen und Schüler aus PEW-Kursen schätzen den Nutzen des PEWs zum zweiten Messzeitpunkt also höher ein als zum ersten Messzeitpunkt. Zudem sind sie sich in ihrer positiveren Einschätzung einig. Niemand hält den Nutzen der PEW-Benutzung für gering. Die Unterschiede sind jedoch nicht signifikant.

Ähnlich wie die Einschätzung des Nutzens fällt die Einschätzung des Aufwands der Wörterbuch-Benutzung positiv für PEW und vergleichbar negativ für PW aus. Der Median des angenommenen Aufwands der PW-Benutzung liegt im Prä-Fragebogen bei 3,0 und im Post-Fragebogen bei 2,9 (vgl. Abb. 6–14). Das bedeutet, dass die Probanden den Aufwand der PW-Benutzung zum zweiten Messzeitpunkt negativer einschätzen als beim ersten. Im Gegensatz zur Einschätzung des Nutzens von PW vergrößert sich die Spannweite bei der Einschätzung des Aufwands der PW-Benutzung im Post-Fragebogen (vgl. Abb. 6–14). Am Ende des Benutzungszeitraums vertreten mehr Schülerinnen und Schüler die Auffassung, dass der Aufwand der PW-Benutzung hoch ist. Im Gegensatz dazu sind die Angaben zum Aufwand der PEW-Benutzung deutlich positiver. Der Median im PEW-Erst-Fragebogen beträgt 3,3 und steigt im Post-Fragebogen auf 3,5 (vgl. Abb. 6–14). Die Spannweite der Daten ändert sich nicht, die mittleren Quartile verschieben sich jedoch zum Positiven. Schülerinnen und Schüler sind sich des Aufwands (Zeit, Nachdenken, Lesen) durchaus bewusst, schätzen ihn jedoch im Hinblick auf den Nutzen als angemessen ein – ein Indiz dafür, dass Aufwand und Nutzen bei der PEW-Benutzung für Lernende in einem ausgewogenen Verhältnis zueinanderstehen.

---

15 Die Teiluntersuchung zur Einstellung zu Wörterbüchern der Schülerinnen und Schüler wird in einer aktuellen Forschungsarbeit genauer dargestellt (vgl. Kassel i. V.).

Abb. 6–13: Nutzen der Wörterbuchbenutzung (PW und PEW) – Ergebnisse der PEW-Nutzer

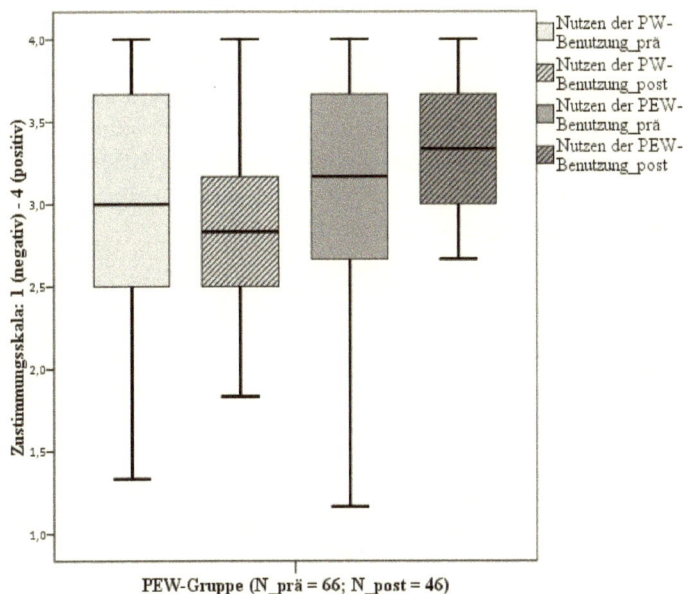

Abb. 6–14: Aufwand der Wörterbuchbenutzung (PW und PEW) – Ergebnisse der PEW-Nutzer

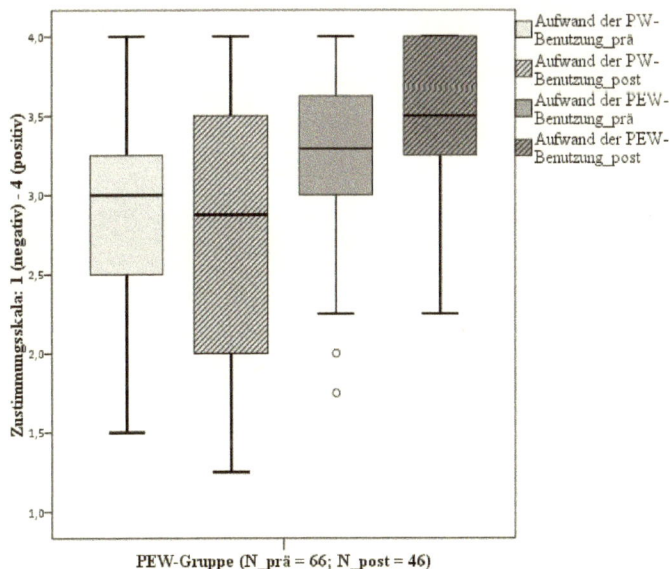

6.6.3 Die Einstellung der PW-Nutzer zu Wörterbüchern[16]

Die PW-Gruppe, die durchgängig Papierwörterbücher benutzt, schätzt Aufwand und Nutzen des Papierwörterbuchs allgemein positiver ein als die PEW-Nutzer, die bis zum Beginn der Studie ebenfalls mit PW arbeiteten. Wie auch in der PEW-Gruppe beurteilen die Schülerinnen und Schüler der PW-Kurse den Nutzen der PW-Benutzung im Post-Fragebogen negativer als im Prä-Fragebogen. Der Median des geschätzten Nutzens der PW-Benutzung liegt im Prä-Fragebogen bei 3,3 und im Post-Fragebogen bei 3,1 (vgl. Abb. 6–15).

Abb. 6–15: Nutzen der PW-Benutzung – Ergebnisse der PW-Nutzer

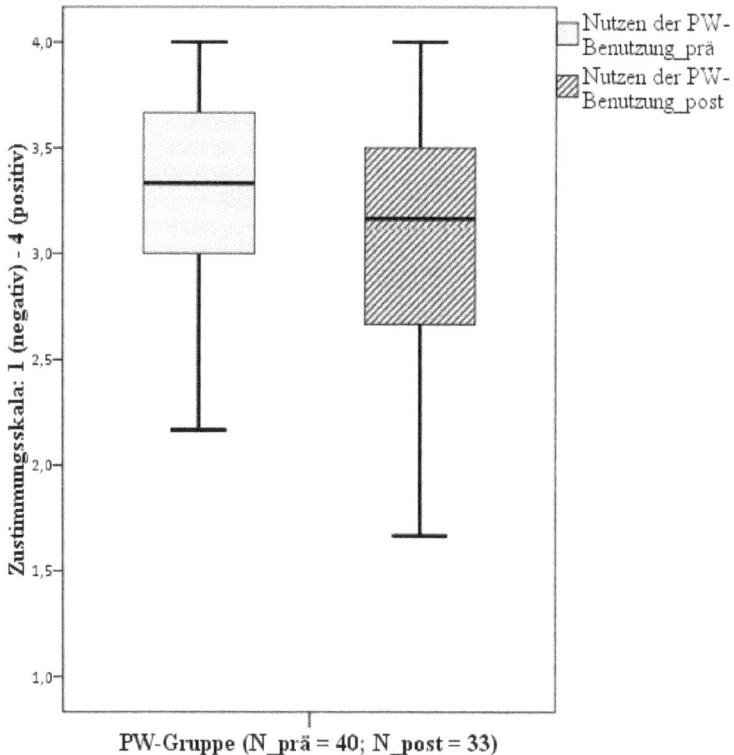

PW-Gruppe (N_prä = 40; N_post = 33)

---

16 Die Teiluntersuchung der Einstellung der Schülerinnen und Schülern zu Wörterbüchern wird in einer aktuellen Forschungsarbeit genauer dargestellt (vgl. Kassel i. V.).

Die durchschnittliche Einschätzung des Aufwands der PW-Benutzung verändert sich dagegen nicht (vgl. Abb. 6–16). Der Median in der Prä-Erhebung wie auch in der Post-Erhebung liegt bei 3,3. Die unteren beiden Quartile des Boxplots der Post-Erhebung zeigen jedoch, dass etwa die Hälfte der Schülerinnen und Schüler der PW-Kurse im Post-Fragebogen angeben, dass die PW-Benutzung mit einem höheren Aufwand verbunden ist, als sie es im Prä-Fragebogen einschätzen.

Abb. 6–16: Aufwand der PW-Benutzung – Ergebnisse der PW-Nutzer

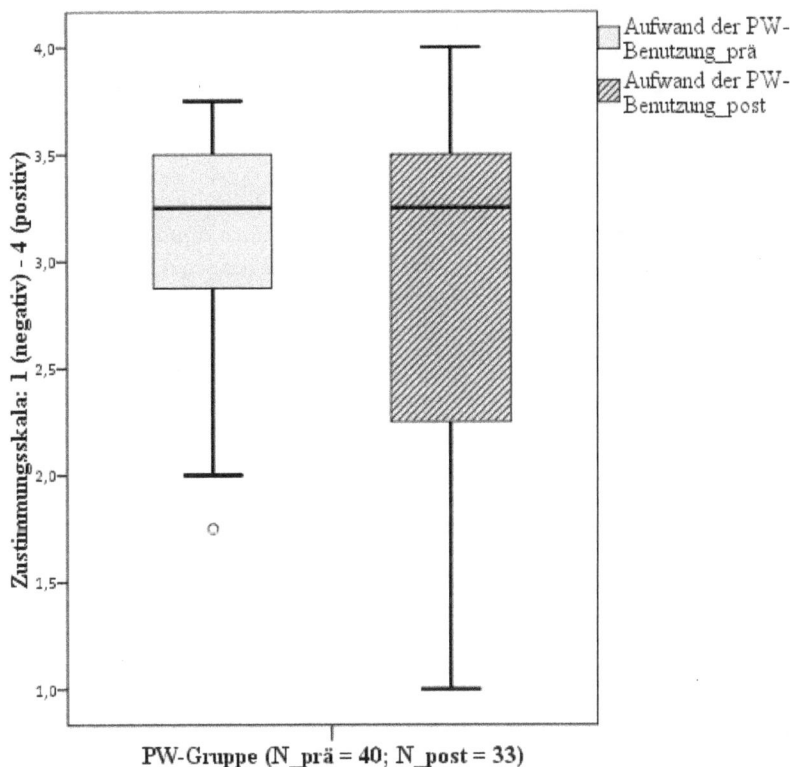

Unklar bleibt, warum die Einstellung der PW-Nutzer zu PW generell positiver ist als die Einstellung der PEW-Nutzer zu PW. Da die Schülerinnen und Schüler zum Zeitpunkt der Prä-Befragung noch nicht in Wörterbuchgruppen aufgeteilt sind, kann der gemessene Unterschied nicht auf die Benutzung unterschiedlicher Wörterbuchmedien zurückgeführt werden. Es handelt sich vielmehr um einen zufälligen Unterschied.

Zusammenfassend kann man feststellen, dass die Teilnehmer der MobiDic-Studie eine positivere Einstellung zum PEW als zum PW haben. Schülerinnen und Schüler beurteilen den Nutzen des PEWs am Ende der anderthalbjährigen PEW-Benutzung durchschnittlich positiver als zu Beginn. In diesem Punkt sind sich die Befragten einig. Ähnlich verhält es sich mit der Einschätzung des Aufwands der PEW-Benutzung. Diese verändert sich ebenfalls zum Positiven. Die Einschätzung des Aufwands und des Nutzens der PW-Benutzung entwickelt sich hingegen im Laufe des Projektzeitraums negativ. Dies gilt sowohl für die Schülerinnen und Schüler, die ein PEW nutzen, als auch für diejenigen, die kein PEW nutzen. Aus Sicht der Schülerinnen und Schüler, die das PEW nutzen, lohnt es sich eher, Wörter im PEW als im PW nachzuschlagen.

6.6.4 Lernmotivation[17]

In der MobiDic-Studie wird auch untersucht, ob sich die Lernmotivation von Schülerinnen und Schülern an Haupt- und Gesamtschulen zum Positiven verändert, wenn sie über einen längeren Zeitraum ein PEW benutzen. Hierzu werden Konstrukte und Messinstrumente der DESI-Studie in gekürzter Form genutzt (vgl. Helmke et al. 2008). Es wird zum einen das akademische Selbstkonzept erfasst, welches „das deklarative Wissen über die eigenen Kompetenzen und die eigene Leistungsfähigkeit" (Wagner et al. 2008: 231) in Bezug auf das Fach Englisch umfasst. Das akademische Selbstkonzept setzt sich zusammen aus den Subskalen Fähigkeit für das Fach Englisch sowie Selbstwirksamkeit, wobei Letzteres auch die subjektiv empfundene Zuversicht hinsichtlich des erfolgreichen Bearbeitens von Aufgaben einschließt (vgl. Brüll 2010: 22). In der MobiDic-Studie wird zum anderen das Lerninteresse, gemeint ist die fachbezogene Einstellung zu Englisch (vgl. Helmke et al. 2008: 245), erhoben.

Unter der Voraussetzung, dass sich die Lernenden durch das neue Gerät und seine Möglichkeiten ansprechen lassen, kann mit Stirling (2005) ein Motivationsanstieg auf Grund der affektiven Vorzüge des PEWs erwartet werden. Die Lehrerinnen und Lehrer der PEW-Kurse berichten davon, dass Schülerinnen und Schüler sich mehr zutrauen, wenn sie das PEW zu Rate ziehen können und dass es zur Kommunikation über Sprache anregt (vgl. Kapitel 6.7). Sofern die Lernenden die Benutzung des PEWs jedoch als langweilig oder anstrengend empfinden, kann der Effekt auf die Lernmotivation auch negativ sein.

---

17 Die Teiluntersuchung zur Lernmotivation der Schülerinnen und Schüler wird in einer aktuellen Forschungsarbeit genauer dargestellt (vgl. Kassel i. V.).

Die Ergebnisse der Befragung zeigen, dass sich das Lerninteresse vom Prä- zum Post-Fragebogen hin positiv verändert (vgl. Abb. 6–17). In der PEW-Gruppe steigt der Median von 3,0 auf 3,2 und in der PW-Gruppe von 3,2 auf 3,3. Eine Veränderung zum Positiven ist auch im Hinblick auf die beiden mittleren Quartile zu beobachten, wobei dies für die PEW-Nutzer deutlicher ausfällt. Betrachtet man nur die Daten derjenigen Schülerinnen und Schüler, die sowohl an der Prä- als auch an der Post-Befragung teilgenommen haben, verstärkt sich das positive Bild bei den PEW-Nutzern. Ein t-Test mit verbundenen Stichproben zeigt, dass die Veränderung des Mittelwerts der PEW-Nutzer (N = 40) signifikant ist (T(df) = -2,588(39); p<,05). Die Effektstärke von r = 0,38 deutet auf einen mittelstarken Effekt hin. Die Veränderung des Lerninteresses der PW-Nutzer (N = 24) ist hingegen nicht signifikant (geprüft mit dem nicht-parametrischen Mann-Whitney-U-Test für kleine Stichproben (<30), für die keine Normalverteilung der Daten vorliegt).

Die Ergebnisse zum akademischen Selbstkonzept im Fach Englisch ähneln denen zum Lerninteresse, sind aber stärker ausgeprägt (vgl. Abb. 6–18). Der Median verändert sich in der PEW-Gruppe von 2,9 auf 3,2. Besonders deutlich ist die Veränderung der unteren Quartile. Im Vergleich zur Prä-Befragung gibt es in der Post-Befragung weniger Schülerinnen und Schüler mit einem ausgeprägt negativen akademischen Selbstkonzept. Um die Signifikanz der längsschnittlichen Veränderung zu prüfen, muss man die Stichprobe erneut auf die PEW-Nutzer reduzieren, von denen sowohl Prä- wie Post-Fragebögen vorliegen. Es zeigt sich, dass die Veränderung des Mittelwerts der PEW-Gruppe (N = 40) hochsignifikant ist (t-Test mit verbundenen Stichproben: T(df) = -4,139(39), p<,001). Die Effektstärke von r = 0,55 zeigt, dass es sich hier um einen großen Effekt handelt. Der Median der PW-Gruppe verändert sich von 3,1 auf 3,4. Die unteren Quartile verschieben sich ebenfalls zum Positiven, jedoch weniger deutlich. Betrachtet man nur die PW-Nutzer, die zu beiden Messzeitpunkten einen Fragebogen ausgefüllt haben (N = 24) zeigt sich, dass die Veränderung nicht signifikant ist und damit zufällig sein kann (geprüft mit dem nicht-parametrischen Mann-Whitney-U-Test).

Die Motivation beider Gruppen verändert sich im Laufe der MobiDic-Studie zum Positiven. Dies widerspricht den Ergebnissen der längsschnittlichen und repräsentativen DESI-Studie. Bei den dort befragten Schülerinnen und Schülern verschlechterte sich das Lerninteresse und das Selbstkonzept im Laufe der neunten Klasse (vgl. Helmke et al. 2008: 248). In der MobiDic-Studie zeigt sich in den Ergebnissen zur Einstellung und zum akademischen Selbstkonzept, dass die PW-Nutzer grundsätzlich positivere Selbstauskünfte als die PEW-Nutzer geben (vgl. Abb. 6–17 und 6–18). Diese Unterschiede sind jedoch nicht signifikant. Da zum Zeitpunkt der Prä-Erhebung keine der beiden Gruppen ein Treatment erfahren hat, ist davon auszugehen, dass die querschnittlichen Gruppenunterschiede zwischen PEW- und PW-Nutzern in der Prä-Erhebung zufällig sind. Das stärker ausgeprägte Lerninteresse der PW-Gruppe am Ende des Untersuchungszeitraums lässt sich durch das höhere Ausgangsniveau erklären. Daher sind die sich in den Selbstauskünften ausdrückenden längsschnittlichen Veränderungen aussagekräftiger als die unterschiedlich stark ausgeprägten Einstellung der Gruppen. Insbesondere ist bei den Ergebnissen die positive Entwicklung des akademischen Selbstkonzepts der PEW-Nutzer hervorzuheben. Die ganz im Gegensatz zu den Ergebnissen der PW-Nutzer ermittelte hohe Effektstärke von r = ,55 und die hochsignifikante Veränderung bei den PEW-Nutzern legen den Schluss nahe, dass der Anstieg der Werte mit der Verfügbarkeit des PEWs zusammenhängt.

Abb. 6–17: Lerninteresse – Einstellung zum Fach Englisch

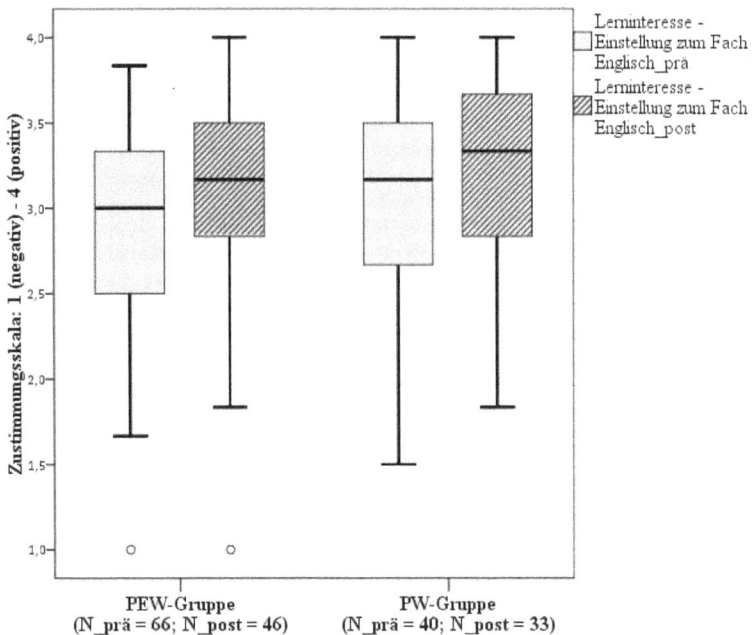

Abb. 6-18: Akademisches Selbstkonzept im Fach Englisch

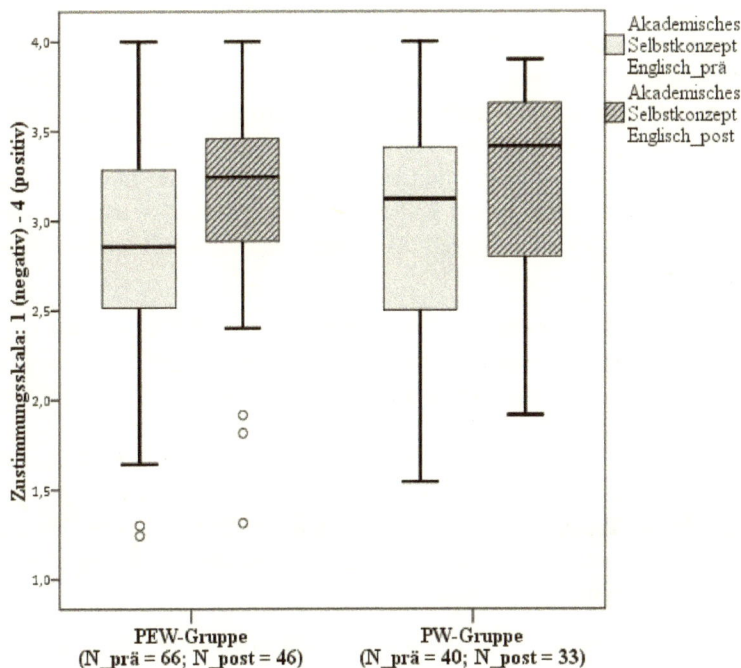

Auf der Basis der in der MobiDic-Studie erhobenen Daten lässt sich folgende Hypothese fomulieren: Die Verfügbarkeit eines PEWs vergrößert das Selbstvertrauen von Schülerinnen und Schülern, kommunikative Probleme in der Fremdsprache Englisch lösen zu können (Kassel i.V.). Weitere repräsentative empirische Untersuchungen müssen klären, wie groß der Einfluss des PEWs im Vergleich zu anderen Faktoren wie z.B. Lehrperson, Aufgabenkontext und Lerngruppensituation ist.

6.7 Die Perspektive der beteiligten Lehrpersonen

Die enge Kooperation zwischen Hochschule und Schule stellt eine Besonderheit des gesamten MobiDic-Projekts und gleichzeitig eine bedeutende Gelingensbedingung der MobiDic-Studie dar, die auch das Ziel hat, einen forschungsbegleiteten Beitrag zur Unterrichtsentwicklung an den Projektschulen zu leisten. Vor Beginn der Studie wurden deshalb Wuppertaler Haupt- und Gesamtschulen eingeladen, sich an der Kooperation und der Untersuchung zu beteiligen. In zahlreichen Gesprächen mit Schulleitungen und interessierten Englischlehrkräften wurden sowohl das PEW erläutert als auch der Sinn und Nutzen der Studie dargelegt. In diesen frühen Orientierungsgesprächen zeigte sich, dass an keiner der Schulen PEW bekannt oder gar im Einsatz waren. Da es den Lernenden nicht gestattet war, digitale Wörterbücher auf Smartphones zu benutzen, wurden durchgängig Papierwörterbücher zur Verfügung gestellt.

In den Diskussionen über eine potenzielle Teilnahme am MobiDic-Projekt äußerten die Lehrkräfte sowohl Bedenken als auch hohe Erwartungen an die PEW-Nutzung. Als Gründe gegen den Einsatz von PEW führten einige Lehrkräfte an, dass

- bilinguale PEW bei Lernenden die Fehlannahme verstärken würden, es gebe eine exakte Äquivalenzbeziehung zwischen Wörtern zweier Sprachen und dass sich dadurch die Gefahr des undifferenzierten Gebrauch des Hilfsmittels Wörterbuch erhöhen würde,
- ein unreflektierter und übermäßiger Gebrauch zu Übersetzungsfehlern führe, wie aus der naiven Nutzung von *Google Translation* bekannt sei,
- die schnelle Verfügbarkeit von englischen Äquivalenten für deutsche Suchwörter zu Lernfaulheit führen würde und zudem die Ausbildung von Inferenzstrategien unterbinden würde.

Demgegenüber wurden in diesen frühen Gesprächen auch sehr hohe Erwartungen an das elektronische Hilfsmittel geäußert. Etliche Lehrkräfte hatten die Hoffnung, dass

- jugendliche Lernende aufgrund ihrer Vertrautheit mit elektronischen Medien durch ein PEW einen allgemeinen Motivationsschub erfahren könnten,
- das inzidentelle Lernen insbesondere von englischem Wortschatz durch ein PEW gefördert würde,
- die Wörterbuchbenutzungskompetenz und damit auch die Lernerautonomie steigen würde.

Ein wichtiges Element, um die Verzahnung zwischen Hochschule und Schule im MobiDic-Projekt zu realisieren, sind insgesamt sieben halbtägige Workshops mit den Englischlehrerinnen und -lehrern, die sich zuvor bereit erklärten, PEW in ihren Kursen einzusetzen. Die Workshops dienen dazu, eine Vertrauens- und Kooperationsbasis zwischen den beteiligten Partnern zu schaffen, Rückmeldungen über den Einsatz der PEW im alltäglichen Unterricht zu erhalten und die Lehrerinnen und Lehrer über PEW zu informieren. In den ersten Workshops wird dem Forschungsteam deutlich, dass die Berichte und Einschätzungen der Lehrerinnen und Lehrer außerordentlich wertvoll sind, um Gebrauch und

Nutzen der PEW einzuschätzen. Daher wird die Forschungsfrage zur Einschätzung des PEWs durch die beteiligten Lehrerinnen und Lehrer nach Projektbeginn aufgenommen. In vier der sieben Workshops wird ein Zeitraum von jeweils ca. 45 Minuten für ein halbstandardisiertes leitfadengestütztes Gruppeninterview mit den vier Lehrpersonen aufgewendet. Die Gruppeninterviews werden jeweils durch folgende Stimuli strukturiert:

• Wie oft wird das PEW in Ihrem Unterricht benutzt und zu welchem Anlass wird es eingesetzt?
• Welche positiven Erfahrungen haben Sie gemacht?
• Welche negativen Erfahrungen haben Sie gemacht und welche Probleme sind aufgetreten?
• Welche Fragen zum Einsatz des PEWs haben Sie an das Forschungsteam?

Die Äußerungen der vier Lehrkräfte werden jeweils von zwei Mitgliedern des Forschungsteams mitprotokolliert, um prozessorientiert Schlüsse für den Einsatz der PEW sowie die Erhebung der Lernerkompetenzen zu ziehen. Da die Gruppe aus Wissenschaftlern und Lehrkräften sich zunächst kennenlernen und aufeinander einstellen muss, entscheidet sich das Forschungsteam gegen eine Aufzeichnung der gemeinsamen Workshops. Im Folgenden werden die Stellungnahmen der Lehrpersonen knapp zusammengefasst, wobei aufgrund des Fehlens eines Transkripts keine wörtlichen Zitate möglich sind. Eine Validierung der Ergebnisse erfolgt in diesem Teil durch den Abgleich der durch zwei Wissenschaftler erstellten Notizen sowie durch die Diskussion der Ergebnisse sowohl im Forscherteam als auch mit den Lehrpersonen.

Im Folgenden werden Kernaussagen der beteiligten Lehrerinnen und Lehrer aus den Gruppeninterviews zusammengefasst. Da die MobiDic-Studie die Wirkung des PEW-Einsatzes auf die Lernenden in den Mittelpunkt stellt, liegt eine darüber hinausgehende wissenschaftliche Auswertung der Gruppeninterviews nicht vor. Für die Durchführung des gesamten Projekts sind die Rückmeldungen der Lehrenden jedoch stets von großem Nutzen, weil sie über die rein organisatorischen Belange hinaus den Austausch über Einsatzmöglichkeiten des PEWs eröffnen.

6.7.1 Benutzung der PEW im Englischunterricht

Der Umfang der PEW-Benutzung der vier Lehrerinnen und Lehrer unterscheidet sich leicht voneinander. Während zwei Lehrpersonen den Schülerinnen und Schülern in fast jeder Unterrichtsstunde die PEW zur Verfügung stellen, setzen die zwei anderen Lehrpersonen die PEW fokussiert ein und bringen sie etwa jede dritte Stunde in den Unterricht mit. Die beiden Personen, die das PEW fast durchgängig nutzen, geben an, dass sich die PEW-Benutzung nach kurzer Zeit auf ein von ihnen als angemessen empfundenes Niveau einpendelt. Einzelne Lehreraussagen deuten darauf hin, dass eher leistungsstarke und männliche Schüler zum PEW greifen. Diese Beobachtung wird jedoch nicht von allen Lehrpersonen geteilt.

Das PEW wird vor allem beim Lesen, Schreiben und für die Wortschatzarbeit genutzt. Zwei Beispiele verdeutlichen den erfolgreichen PEW-Einsatz. Zur Wortschatzerarbeitung werden vor einer Klassenarbeit gezielt Adjektive zur Personenbeschreibung zusammengestellt. Die Suchergebnisse werden diskutiert und die Schülerinnen und Schüler erhalten für jedes in der Klassenarbeit angewendete Adjektiv Sonderpunkte. In einem anderen Kurs werden die PEW zu Erstellung eines Praktikumsberichts auf Englisch eingesetzt. In einem mehrschrittigen Verfahren mit Überarbeitungsschleifen nutzen die Schülerinnen und Schüler das PEW, um ihren Bericht ausgehend von der Wort- und Satzebene aufzubauen. Bei der Anfertigung der englischsprachigen Praktikumsberichte finden Schülerinnen und Schüler Fachvokabular, z.B. für Werkzeuge und Instrumente (KFZ-Mechaniker, Zahnarzthelfer/in). Da weder das Lehrwerk noch die Lehrkraft mit diesem Fachvokabular helfen kann, vermittelt das PEW den Lernenden das Gefühl, dass sie alle Wörter finden können, die sie für ihren Bericht benötigen.

Die Lehrerinnen und Lehrer geben an, dass ihre Schülerinnen und Schüler in zunehmendem Maße selbstständig mit dem PEW arbeiten können und dass sie eine gestiegene Wörterbuchbenutzungskompetenz beobachten. Besonderes Potenzial wird in der PEW-Benutzung für das Schreiben und die Wortschatzarbeit gesehen. Doch auch nach anderthalb Jahren halten sie das Nachschlagen im PEW für eine anspruchsvolle Aufgabe, vor allem wenn Verben nachgeschlagen werden. Insgesamt nutzen Schülerinnen und Schüler vornehmlich die basale Stichwortsuche des PEWs. PEW-spezifische Funktionen wie die Sprungfunktion werden nach Aussagen der Lehrpersonen eher selten benutzt. Sie vermuten, dass der Konsultationserfolg von mehreren Faktoren beeinflusst wird, insbesondere dem Wissen über das PEW und dem gezielten Training von Wörterbuchbenutzungskompetenz. Sie geben an, dass die Lernenden vor allem nach ferienbedingten Benutzungspausen an grundlegende Prinzipien und Strategien erinnert werden müssen. Die Lehrerinnen und Lehrer vermuten auch, dass vor allem Schülerinnen und Schüler mit mittleren und besseren Englischleistungen von den PEW profitieren. Bei dieser Aussage ist zu berücksichtigen, dass insgesamt eher leistungsschwache Schülerinnen und Schüler aus G-Kursen an der Studie teilgenommen haben. Die Sprachkompetenzen im Englischen und Deutschen sind nach ihrem Eindruck Faktoren des Benutzungserfolgs.

6.7.2 Positive Erfahrungen

In allen Workshops berichten die Lehrerinnen und Lehrer, dass das Interesse der Lernenden an den PEW groß ist. Die PEW üben eine große Anziehungskraft auf die Schülerinnen und Schüler aus und sie gehen unbefangen mit den neuen Geräten um. Die Lehrkräfte reagieren darauf, indem sie den Lernern Zeiten für das individuelle Ausprobieren und Erkunden des PEWs einräumen. Daraus ergibt sich allerdings eine Spannung zwischen zielgerichtetem Unterricht und dem Schülerwunsch der freien Wörterbuchbenutzung. Dem Wunsch der Lernenden kommen die Lehrkräfte insofern entgegen, als dass sie mehr Phasen eigenständigen Arbeitens in den Unterricht integrieren. In diesem Zusammenhang betonen die Lehrkräfte eine Zunahme an Selbstständigkeit auf Seiten der Lernenden, die zudem dadurch verstärkt wird, dass Schülerinnen und Schüler sich eher auf Partner- und Einzelarbeit einlassen, wenn sie ein PEW zur Verfügung haben.

Das PEW weckt Neugier auf die Fremdsprache Englisch, die sich nach Aussagen der Lehrkräfte darin äußert, dass Lernende nach Gründen für unerwartete Differenzen fragen. Sie berichten auch, dass Schülerinnen und Schüler sich über ihre Suchvorgänge austauschen und damit in Ansätzen über die Fremdsprache kommunizieren. Alle Lehrerinnen und Lehrer betonen, dass das PEW den Lernenden mehr Selbstvertrauen im Umgang mit der Sprache gibt, weil sie die Erfahrung machen, sprachliche Probleme selbstständig lösen zu können. Die Motivation, fremdsprachliche Texte zu lesen, ist gestiegen, da die Lernenden sich sicherer im Umgang mit Texten fühlen, wenn sie auf das Hilfsmittel zurückgreifen können. Ein Lehrer vermutet im letzten Workshop, dass die PEW das Fach Englisch interessanter gemacht haben.

Die Lehrkräfte empfinden es auch als positiv, dass sie immer weniger als „sprechendes Wörterbuch" angefragt werden, weil die Lernenden sich mit einem PEW selbst helfen können. Da das PEW die Schülerinnen und Schüler beim Lesen unterstützt, verlangen die Lehrpersonen ihnen zum Beispiel konsequent ab, sich Arbeitsanweisungen in englischer Sprache ohne Unterstützung der Lehrperson zu erschließen.

Die Verfügbarkeit von PEW hat sich insgesamt betrachtet positiv auf den Unterricht ausgewirkt. Einige Lehrkräfte führen außerdem deutliche Wortschatzzuwächse einzelner Lerner auf die Arbeit mit dem PEW zurück. Sie berichten durchgängig von gestiegenem Selbstvertrauen der Schülerinnen und Schüler, was wiederum die Bereitschaft zur Mitarbeit im Englischunterricht steigert.

Obwohl die Lehrpersonen angeben, dass sich der Reiz des Neuen (*novelty factor*) im Laufe des Projekts abschwächt, bleibt das Interesse an PEW sowie die Motivation es zu benutzen bestehen. Das PEW wird zu einem selbstverständlichen und von den Lernenden akzeptierten Hilfsmittel. Auch wenn gelegentlich von oberflächlicher Wörterbuchbenutzung berichtet wird, gehen die Lehrerinnen und Lehrer überwiegend davon aus, dass sich die Wörterbuchbenutzungskompetenz der Schülerinnen und Schüler deutlich zum Positiven entwickelt hat.

Für einzelne Schülerinnen und Schüler, deren Eltern aus Afrika (v.a. dem Kongo) stammen, ist das Wörterbuch Französisch-Deutsch ein Zugewinn. Sie nutzen es im Englischunterricht, um zwischen den Sprachen Englisch-Französisch-Deutsch zu springen. Es gibt auch Lerner, die den im PEW enthaltenen Duden im Englischunterricht konsultieren. Für diejenigen, deren Erstsprache nicht Deutsch ist, schafft die Verfügbarkeit mehrerer Sprachen im PEW einen Mehrwert. Es wäre nach Aussagen der Lehrkräfte daher wünschenswert, wenn PEW auch Wörterbücher für Türkisch, Italienisch oder Russisch enthalten würden.

Die Lehrerinnen und Lehrer berichten außerdem davon, dass sie selbst die Arbeit mit dem PEW als bereichernd empfinden. Gerade bei der Korrektur von Klassenarbeiten und bei der Vorbereitung des Unterrichts greifen sie immer öfter zum PEW.

6.7.3 Negative Erfahrungen und Probleme

Im ersten Workshop berichten die Lehrkräfte über eine eher oberflächliche Nutzung des PEWs und dass die Lernenden sich mit den Arbeitsblättern zur Einführung des Geräts nicht gründlich genug auseinandersetzen. Die Attraktion des Geräts und der Reiz der Technik verleiten zu Aktionismus und Ungeduld in der Handhabung. Dies ändert sich jedoch im Laufe der Zeit. Im Urteil der beteiligten Lehrkräfte erweist sich die Benutzung des PEWs beim Schreiben (vgl. Kapitel 6.5) auch nach anderthalb Jahren noch als anspruchsvoll. Obwohl ihnen die Lernenden insgesamt motivierter erscheinen, sich schriftlich auszudrücken und auch längere Texte produzieren, wählen sie vielfach stilistisch oder idiomatisch unpassende Wörter aus. Manche Nutzer wählen z.B. gezielt Wörter aus dem formellen Register aus, die ihren Sprachstil künstlich erscheinen lassen und nicht in den Kontext passen.

Die Lehrkräfte berichten, dass vorhandene grammatische Defizite auf Schülerseite sich bei Suchvorgängen im Wörterbuch Deutsch-Englisch bemerkbar machen. Selbst wenn die Lerner das gesuchte Wort finden, sind sie nicht immer in der Lage, es produktiv in einem syntaktisch korrekten Satz und pragmatisch angemessen zu verwenden, weil sie Probleme damit haben, einige der grammatischen Informationen aus den Wörterbucheinträge (z.B. zur Wortart) zu nutzen. Mehrere Lernende neigen zu Wort-für-Wort-Übersetzungen. In diesem Zusammenhang kritisieren die Lehrerinnen und Lehrer auch die Suchfunktion für Redewendungen bzw. das Fehlen eines Kollokationswörterbuchs in dem verwendeten Gerät. Grundsätzlich begrüßen sie die Verfügbarkeit der Redewendungssuche, können sie jedoch aufgrund ihres begrenzten Umfangs im Unterricht nicht gewinnbringend einsetzen.

Die Lehrkräfte berichten, dass Schülerinnen und Schüler im Laufe des Projektzeitraums zwar ein Bewusstsein dafür entwickeln, dass das erste Übersetzungsäquivalent im Wörterbucheintrag nicht das richtige sein muss, dennoch scrollen sie nicht immer nach unten, um sich den gesamten Eintrag anzuschauen. Sie beobachten, dass Lernende vereinzelt die Sprungfunktion nutzen, aber Schwierigkeiten haben, eine gefundene Übersetzung zu überprüfen. Die Lehrkräfte vermuten, dass die teilweise geringe Sprachkompetenz ihrer Schülerinnen und Schüler im Deutschen die Wahl des passenden Übersetzungsäquivalents erschwert. Die erfolgreiche Benutzung des englisch-deutschen Wörterbuchs stößt dann an Grenzen, wenn der im Deutschen verfügbare Wortschatz in zu geringem Maße ausdifferenziert ist. So hat ein Lerner das englische Wort *paw* zwar erfolgreich nachgeschlagen, kennt aber die Bedeutung des deutschen Übersetzungsäquivalents 'Pfote' nicht.

Auf organisatorischer Ebene berichten die beteiligten Lehrkräfte von zwei Herausforderungen. Zum einen werden die Geräte in einem Koffer aufbewahrt und dieser wird von den Lehrerinnen und Lehrern jeweils im Lehrerzimmer verschlossen. Entsprechend muss der Koffer vor jedem Einsatz in die Klasse transportiert werden, was in der Ablauforganisation des Schulalltags berücksichtigt werden muss. Zum anderen möchten Schülerinnen und Schüler die Geräte aufgrund der positiven Erfahrungen im Unterricht mit nach Hause nehmen, vor allem für schriftliche Hausaufgaben. Aus Gründen der Haftung ist dies im Projekt jedoch nicht möglich und die Geräte müssen in der Schule verbleiben. Dadurch reduzieren sich die Möglichkeiten zur selbstständigen Nutzung der PEW. Die Lehrerinnen und Lehrer berichten außerdem von Akzeptanzproblemen der PEW im Kollegium. Auch wenn die Schülerinnen und Schüler den im PEW enthaltenen Duden gern im Deutschunterricht nutzen würden, lassen einzelne Deutschlehrer dies nicht zu.

6.7.4 Offene Fragen

Die Frage der konkreten Einbindung in den Unterricht wird unterschiedlich beantwortet und deutet auf den Konflikt zwischen Zielgerichtetheit der Nutzung
einerseits und den von Schülerseite gewünschten Freiräumen für die Nutzung
des PEWs andererseits hin. Die Lehrkräfte geben an, dass der Zeitfaktor nicht
zwingend zu einem Problem werden muss, dass er aber in zweierlei Hinsicht
berücksichtigt werden sollte: Bevor die Lernenden PEW lernförderlich nutzen
können, benötigen sie eine kurze Einführung, die sie zur Nutzung des PEWs
befähigt und motiviert. Der Zeitbedarf für weitere PEW-spezifische Übungen
nimmt zwar mit zunehmender Geläufigkeit im Umgang ab, die Lerner benötigen
aber meistens mehr Zeit für die Erledigung von Aufgaben, wenn sie dabei ein
PEW benutzen dürfen.

Die Lehrerinnen und Lehrer sind vor allem an einer Einführung der PEW-
spezifischen Funktionen interessiert, da sie sich fragen, wie Schülerinnen und
Schüler angeleitet werden können, die weniger offensichtlichen Vorteile dieser
Wörterbücher zu entdecken. Die Lehrkräfte geben an, dass während des Mobi-
Dic-Projekts die Nutzung als Hilfsmittel im Vordergrund steht. Es ist aus ihrer
Sicht sinnvoll, PEW auch als Lernmittel zur Wortschatzarbeit einzusetzen. Dazu
müssten die Schülerinnen und Schüler mit der *My Words*-Funktion und der Ver-
laufsfunktion vertraut gemacht werden. Auch hier stellen sie die Frage, wie diese
Schulung funktional und motivierend bewerkstelligt werden kann.

In den Workshops wird wiederholt die Frage nach Richtgrößen und Faust-
regeln für die Nutzungshäufigkeit gestellt. Zu dieser Frage besteht unter den
beteiligten Lehrerinnen und Lehrern Unsicherheit. Sie beobachten, dass die
Lernenden häufiger zum Wörterbuch greifen als vor dem Projekt, sind aber
unschlüssig, ob sie dies positiv oder negativ einschätzen. Im letzten Interview
zeigt sich, dass die Lehrerinnen und Lehrer mit dieser Problematik unterschiedlich umgehen, indem sie den PEW-Koffer in unterschiedlichen Intervallen im
Englischunterricht zur Verfügung stellen. Im Abschlussworkshop geben die
Lehrkräfte an, dass sich ihre anfänglichen Befürchtungen einer übermäßigen
Benutzung der PEW und negativer Auswirkungen auf Unterricht und Lernleistungen nicht bestätigt haben.

7 Diskussion der Befunde und ihrer fachdidaktischen Implikationen

Die in Kapitel 6 beschriebenen Ergebnisse legen eine gemäßigt positive Tendenz hinsichtlich der angenommenen Wirkungen eines im Englischunterricht verfügbaren PEWs auf die Lernleistungen und Einstellungen von eher leistungsschwachen Lernenden nahe. Nimmt man alle Befunde der Testungen, die Analysen der videographierten Erklär- und Textproduktionsaufgabe sowie die Ergebnisse der Befragungen von Lernenden und der Gruppeninterviews mit den Lehrpersonen zusammen, so lässt sich für den 18-monatigen Untersuchungszeitraum der Studie in der Summe eine positive Bilanz ziehen: Die Verfügbarkeit eines PEWs im Englischunterricht ist lernförderlich. Das vorliegende Kapitel fasst die zentralen Ergebnisse der Studie zusammen und diskutiert die wissenschaftlichen und unterrichtspraktischen Implikationen.

7.1 Leseverstehen mit PEW unterstützen

Im Leseverstehenstest zeigen die PEW-Nutzer der MobiDic-Studie eine höhere Nachschlagerate und etwas bessere Ergebnisse als die PW-Nutzer, wobei die erreichte Punktzahl zunächst nicht mit der Zahl der von den Schülerinnen und Schülern als nachgeschlagen angegebenen Wörter korreliert. Es scheint also auf den ersten Blick kein Zusammenhang zwischen Wörterbuchgebrauch und Testleistung zu bestehen. Für die Gruppe der PEW-Nutzer kann jedoch mithilfe der automatisch gespeicherten Wörter in der Verlaufsliste der Geräte ermittelt werden, dass sie tatsächlich mehr Wörter nachschlagen, als sie durch Einkreisen kennzeichnen und dass in einem speziellen Teil des Lesetests, dem VO (= Wortschatz) Teil, eine signifikante Korrelation zwischen Nachschlagehäufigkeit und Punktzahl besteht. Daraus kann geschlossen werden, dass PEW-Nutzer für das Verstehen auf Wortebene tatsächlich Vorteile haben.

In den Einzelfallanalysen zu den Leseverstehenstests von sechs Probanden zeigt sich zudem, dass die drei PEW-Nutzer Testitems, bei denen sie das PEW einsetzen, häufiger richtig lösen als Testitems, bei denen sie auf eine Konsultation verzichten. Bemerkenswerterweise fällt das Ergebnis der Analyse für die drei PW-Nutzer umgekehrt aus: Sie lösen Items mit Konsultation weniger häufig als Items, die sie ohne Konsultation bearbeiten. Da sich im Rahmen der MobiDic-Studie kein Kausalzusammenhang zwischen Lösungserfolg und Wörterbuchbenutzung herstellen lässt, ist eine quantitative Untersuchung mit größeren Fallzahlen notwendig, um die hier beobachteten Tendenzen zu bestätigen.

Es zeigt sich, dass die leistungsschwachen Lerner der MobiDic-Studie auf den höheren Ebenen des Leseprozesses nur in geringem Maße vom PEW-Einsatz profitieren. Dies ist vermutlich auf die gering ausgeprägte Fremdsprachenkompetenz zurückzuführen. Zukünftige Forschung sollte daher untersuchen, ob leistungsstarke Leser auf hierarchiehöheren Ebenen aus dem PEW Nutzen ziehen können.

Es hat sich in forschungsmethodischer Hinsicht als sinnvoll erwiesen, die selbstberichteten Konsultationen der Probanden mit den tatsächlich vom PEW registrierten Konsultationen abzugleichen. Für zukünftige Untersuchungen und Testerhebungen ist es daher empfehlenswert, wann immer möglich, objektivierbare Dokumentationsverfahren zur Konsultation einzusetzen. Dies ist bei Online-Wörterbüchern oder Smartphone-Applikationen einfacher als bei PEW, die über keine Schnittstelle für die Datenübermittlung an PC-Systeme verfügen.

Bezüglich des methodischen Vorgehens bei der Auswertung des Lesetests kann rückblickend die Parallelisierung von sechs ausgewählten Vergleichsfällen als zielführend betrachtet werden (Bortz / Döring 2006: 526f, Gieseler 2013). Für weitere Auswertungen vorhandener Daten und zukünftige Erhebungen kann dieses Vorgehen richtungsweisend sein. Bei der Analyse der Wörterbuchbenutzung während des Lesetests wird damit der Einflussfaktor unterschiedlicher Leistungsniveaus minimiert, da nur diejenigen Schülerinnen und Schüler miteinander verglichen werden, deren Leistungen ähnliche bis identische Werte aufweisen. Eine weitere methodische Erkenntnis hinsichtlich der Konstruktion von Lesetests mit Wörterbuchbenutzung ist, dass das Verfahren nachgeschlagene Lexeme einzukreisen nicht reliabel ist. Sofern mit PEW oder anderen elektronischen Wörterbüchern gearbeitet wird, verspricht die Auswertung der Verlaufslisten zuverlässigere Angaben als das Einkreisen. Der Mehraufwand des Auslesens der Verlaufslisten ist angesichts des Ergebnisses, dass PEW-Nutzer 25% mehr Wörter nachschlagen als sie einkreisen, gerechtfertigt.

Auch wenn die MobiDic-Studie zeigt, dass PEW für das Lesen nicht-didaktisierter Texte von Vorteil sind, stellt sich die Frage, ob es langfristig für Lernende Vorteile hat, wenn sie immer ein PEW beim Lesen zur Verfügung haben. Steht nicht zu befürchten, dass sie nachlässig werden in ihrem Bemühen um Inferieren, Bedeutungselaboration und Sinnkonstitution, wenn ihnen auf Knopfdruck eine Übersetzung geliefert wird, die kontextuelle Bedeutungskonstruktion überflüssig macht? Die Ergebnisse des Lesetests der MobiDic-Studie legen nahe, dass PEW-Nutzer Strategien zum funktionalen Einsatz des Hilfsmittels benötigen, da die Wörterbuchbenutzung nur eine Lesestrategie neben anderen ist und z.B. kontextbasiertes Inferieren nicht vollständig ersetzen kann (vgl. Kobayashi 2007, Shieh / Freiermuth 2010: 125). Um das Hilfsmittel besonders effektiv nutzen zu können, müssen Lernende verstehen, dass sie sich nicht ausschließlich auf ein PEW verlassen dürfen und dass es eben kein Allheilmittel gegen mangelndes Textverstehen ist, sondern dass ein PEW sie vor allem bei dem Verstehen auf Wortebene unterstützen kann.

7.2 Inzidentelles Wortschatzlernen mit PEW steigern

Im Vorfeld der MobiDic-Studie äußerten Lehrerinnen und Lehrern häufig Bedenken, dass das schnelle Nachschlagen im PEW zu ebenso schnellem Vergessen der nachgeschlagenen Wörter führen könne und Lerner keine Vokabeln mehr lernen. Um Wortschatz zuverlässig zu erfassen, kommen in der MobiDic-Studie zwei verschiedene Wortschatztests zum Einsatz. Die Ergebnisse beider Tests zeichnen ein einheitliches Bild bezüglich der Behaltensrate. Die Schülerinnen und Schüler aus den zufällig zugeteilten PEW-Gruppen haben zu Beginn der Studie niedrigere Ergebnisse in den Wortschatztests als die Schülerinnen und Schüler der PW-Gruppe. Am Ende des Untersuchungszeitraums haben sie im Mittel jedoch bessere Ergebnisse als die PW-Gruppe, wobei beide Gruppen Wortschatzzuwächse verzeichnen. Während für den standardisierten *Vocabulary Size Test* keine Signifikanzen ermittelbar sind, sind die Veränderung im Lehrwerkstest, in welchem die tatsächlich im Unterricht behandelten Lexeme getestet werden, hoch signifikant (vgl. Kapitel 6.3). Die PEW-Gruppe hat in anderthalb Jahren ihren Wortschatz in deutlich größerem Umfang erweitert als die PW-Gruppe. Die MobiDic-Studie leistet mit diesem Ergebnis einen Beitrag zur Klärung der Frage, ob Wortschatzzuwächse durch die PEW-Benutzung zu erwarten sind (vgl. Kapitel 4.3). Insbesondere durch die Länge des Untersuchungszeitraums von anderthalb Jahren setzt die MobiDic-Studie sich von anderen Forschungen ab.

Aufgrund der Stichprobengröße beanspruchen die Ergebnisse allerdings keine Repräsentativität. Aus demselben Grund würde die statistische Untersuchung anderer in der Studie erhobener Faktoren wie Geschlecht, Lehrperson oder Lernmotivation zu nicht belastbaren Ergebnissen führen. Dass die PEW-Gruppe eindeutig bessere Ergebnisse erzielt, wirft die Frage auf, inwiefern der Wortschatzzuwachs auf die PEW-Benutzung zurückgeführt werden kann. Aus der Schülerbefragung (vgl. Kapitel 6.6.1) und den Lehrerinterviews (vgl. Kapitel 6.7) ist bekannt, dass die PEW nicht in jeder Unterrichtsstunde zum Einsatz kommen und traditionelles Vokabellernen auf Basis von Wortlisten der

Lehrwerke nicht ersetzen. Die individuelle Wortliste der PEW (Favoriten- bzw. *My Words*-Funktion) werden nicht systematisch für das Wortschatzlernen genutzt und das PEW also nicht als Lernmittel eingesetzt. Lexeme werden meist im PEW nachgeschlagen, um eine übergeordnete Schreib- oder Leseaufgabe zu bearbeiten. Wortschatzzuwächse durch PEW-Konsultationen sind daher nicht auf intentionales, sondern stärker auf inzidentelles Wortschatzlernen zurückzuführen (vgl. zur Definition von inzidentellem Wortschatzlernen Nation 2001: 232).

Wortschatzlernen wird generell als kumulativer Prozess verstanden, bei dem jede Wortbegegnung zum Lernerfolg beiträgt. Das wiederholte Aufrufen von Lemmata im PEW ist langfristig betrachtet dem Lernen zuträglich. Die Verlaufslisten der PEW belegen, dass die Gruppe der PEW-Nutzer verstärkt Lernwortschatz begegnen. Die PEW-Nutzer schlagen nachweislich zu zwei Drittel Lexeme nach, die in den eingesetzten Lehrwerken als Lernwortschatz aufgelistet sind (vgl. Kapitel 6.4.1). Nation (vgl. 2001: 292) zeigt zudem auf, dass im Wörterbuch Informationen zu allen drei Dimensionen von Wortwissen zu finden sind. Das wiederholte Aufrufen von Wörterbucheinträgen im PEW unterscheidet sich qualitativ vom Nachschlagen im einfach bilingualen Lehrwerksregister. Im Sinne des inkrementellen Lernens trägt das wiederholte Aufrufen von Wörterbucheinträgen potenziell zur Erweiterung des bestehenden Wortwissens bei. Versichert sich eine Schülerin zum Beispiel im PEW darüber, ob sie die Bedeutung von *responsibility* richtig im Kopf hat, liest sie direkt auch die Kollokation *(to) take responsibility for*. Auch wenn diese Annahme in der dreistufigen Bepunktung des LWTs (vgl. Kapitel 5.3.2) berücksichtigt worden ist, müsste sie in weiteren Untersuchungen überprüft werden.

Hinsichtlich der methodischen Herangehensweise in der MobiDic-Studie fällt zunächst auf, dass sowohl der standardisierte VST als auch der auf die Schülerinnen und Schüler abgestimmte LWT zu ähnlichen Ergebnissen führen. Die hohe Korrelation der Testergebnisse zeigt, dass beide Instrumente valide Wortschatz messen. Die Testlexeme in standardisierten Tests, wie dem VST, werden auf Basis von Frequenzlisten ausgewählt und decken sich zu einem großen Teil nicht mit dem von den Lehrwerken vorgegebenen Wortschatz. In der MobiDic-Studie identifiziert der LWT deutlicher Unterschiede zwischen den Gruppen als der VST. Dies ist ein Hinweis darauf, dass bei Untersuchungen des Wortschatzes von Schülergruppen in Deutschland, für die ein durch die Lehrwerke definierter Lernwortschatz existiert, lerngruppenspezifische Wortschatztests eingesetzt oder zumindest standardisierte Tests durch letztere ergänzt werden sollten.

Auch wenn das schnelle Nachschlagen im PEW durchaus einen Beitrag zum inzidentellen Wortschatzlernen leistet, darf man die Erwartungen an die

Behaltensleistung nicht zu hoch setzen. Ein einmaliges Nachschlagen reicht für eine nachhaltige Verankerung nicht aus. Dennoch zeigen die Ergebnisse der MobiDic-Studie, dass PEW dem Wortschatzzuwachs zuträglich sind. Sowohl aus praktischer als auch aus wissenschaftlicher Perspektive wären weitere Untersuchungen zur Frage wünschenswert, wie das Potenzial der PEW für das Wortschatzlernen effektiv genutzt werden kann. Lässt sich die Wortlistenfunktion auch für das intentionale Wortschatzlernen effektiv nutzen? Können Lernende ihr Wortwissen in den drei Dimensionen mithilfe der lexikographischen Informationen aus dem Wörterbucharartikel erweitern? Während hierzu sicherlich qualitativ geforscht werden müsste, wären weiterhin quantitative Untersuchungen mit größeren Stichproben und Lernergruppen auch anderer Schulformen wünschenswert.

7.3 Methodenkompetenzen verbessern

Die Fähigkeit, ein Wörterbuch beim Fremdsprachenlernen zu benutzen, zählt zu den curricular verankerten Methodenkompetenzen, mit deren Hilfe Lernende fremdsprachliche Probleme selbstständig lösen sollen. Es wird jedoch nicht genauer konkretisiert, was diese Methodenkompetenz ausmacht. In der MobiDic-Studie wird deshalb das Modell von Engelberg und Lemnitzer (2009) zugrunde gelegt, um einzelne Bestandteile des Wörterbuchgebrauchs zu erfassen. Insbesondere die aufgezeichneten Gespräche aus den Partnerarbeitsphasen der Mobi-Dic-Studie geben aufschlussreiche Einblicke in diesen kaum erforschten Bereich des Wörterbuchgebrauchs. Mit dem Ziel die transkribierten Lernergespräche auf Kernaussagen zu reduzieren, werden sechs transkribierte Lernergespräche einer inhaltlich strukturierenden Inhaltsanalyse unterzogen (vgl. Mayring 2010: 602). Im Ergebnis zeigt sich, dass die PEW-Nutzer ihren Partnern die Grundfunktionen und einzelne technische Merkmale gut erklären, dass sie aber einzelne PEW-spezifische Vorteile ignorieren. Dieser Eindruck wird durch die Ergebnisse einer Befragung von Bower und McMillan (2007) bestätigt, die offenkundig macht, dass erwachsene PEW-Nutzer z.B. die Speicherfunktion zum Zweck des Memorierens von Vokabular nicht kennen.

Weitere Lücken werden im Zuge der Beschreibung und Kommentierung der Konsultationsvorgänge durch die PEW-Probanden offenkundig, da sich zeigt, dass die videographierten Teilnehmer nur ein sehr ungenaues Verständnis von der Mikrostruktur eines Wörterbucheintrags und der Nutzung der darin enthaltenen Informationen besitzen. Dieses ungenaue Verständnis hängt vermutlich damit zusammen, dass sie Abkürzungen und metasprachliche Termini nicht kennen (z.B. 'm' für maskulin).

Zukünftige Forschung sollte verstärkt den Zusammenhang zwischen Sprachwissen und Sprachgebrauch untersuchen. Es ist zu vermuten, dass Lernende in höherem Maße von dem PEW profitieren, wenn sie dem Eintrag wichtige grammatische Informationen, z. B. über die Wortart, sicher entnehmen können. Zur Erforschung eines potenziellen Zusammenhangs müssten für Textprodukte, die mithilfe eines PEWs erstellt werden, Qualitätsmerkmale definiert werden, die den Erfolg der PEW-Nutzung objektivierbar machen. Um die Qualität der Texte zur Wörterbuchbenutzungskompetenz und zum metasprachlichen Wissen der Lernenden in Bezug setzen zu können, wäre zwischen Nutzergruppen mit unterschiedlichem metasprachlichem Wissen zu differenzieren. Es sind zudem Interventionsstudien denkbar, in denen leistungshomogene Nutzergruppen durch unterschiedliche Trainingsvorläufe (z. B. mit und ohne metasprachlichen Input) voneinander unterschieden würden.

Trotz der Einführung in den Gebrauch der PEW zeichnen sich bei den Probanden der MobiDic-Studie deutliche Lücken in der Wörterbuchbenutzungskompetenz ab. Daraus lässt sich schließen, dass eine punktuelle Einführung des Wörterbuchs nicht ausreicht, um die erfolgreiche Nutzung in späteren Gebrauchssituationen zu sichern. Eine Ausweitung des Trainingsprogramms auf etwa zwei Wochen zu Beginn jeden Schuljahres ist angesichts des knappen Gutes Zeit im Schulalltag keine realistische Alternative. Vielmehr bietet es sich an, zu Beginn einer Unterrichtsstunde daran zu erinnern, dass das PEW bereitliegt und bei Bedarf genutzt werden soll. Metasprachliche und lexikographische Merkmale werden immer dann durch die Lehrperson explizit gemacht, wenn sie zu den inhaltlichen Themen des Unterrichts passen. Anregungen für Übungsbeispiele, die mit Inhalten des Fremdsprachenunterrichts verbunden sind, liefert die Publikation von Drammer, Hempel und Struchholz (2014). Um sich z. B. über gewalttätiges Handeln der Figuren in Shakespeares *Romeo and Juliet* verständigen zu können, erarbeiten die Lernenden Verb-Nomen Verbindungen und lernen, u. a. auf die Unterscheidung der Wortart, aber auch auf die passenden Präpositionen zu achten (vgl. ebd. 102f.). Anstatt alle wesentlichen Merkmale des Eintrags massiert in einem Wörterbuch-Einführungskurs einzuführen, zu dem jugendliche Lernende vermutlich schwer zu motivieren sein dürften, folgt die Lehrperson einem Spiralcurriculum (vgl. ebd. 25f.) des Wörterbuchgebrauchs, damit das form-fokussierte Training in kurzen, aber regelmäßigen Einheiten erfolgen kann. Auf diese Weise bildet sich Wörterbuchbenutzungskompetenz schrittweise und inkrementell aus.

7.4 Nachschlagehandlungen bei der Textproduktion

Die Analyse der videographierten Partnergespräche lässt auf einen zunehmend reflektierten Umgang mit dem Hilfsmittel PEW und die beginnende Entwicklung von Wörterbuchbenutzungskompetenz schließen. Allerdings schöpfen die PEW-Nutzer auch nach 18 Monaten regelmäßigen Gebrauchs das Potenzial ihrer PEW noch unvollständig aus. Dass sprachliche Defizite – sowohl in der Zielsprache wie auch im Deutschen – in einem Zusammenhang mit einer noch gering ausgeprägten Wörterbuchbenutzungskompetenz stehen, belegen die mit Hilfe des PEWs produzierten Lernertexte, in denen lexikalische und grammatikalische Defizite trotz erfolgreicher PEW-Konsultationen offen zu Tage treten (vgl. Böttger 2013). Diesen Befund bestätigen auch die in den PEW-Klassen unterrichtenden Lehrpersonen in den Interviews.

Obwohl man bei Jugendlichen eine größere Computeraffinität annehmen würde als bei Erwachsenen, ignorieren die jugendlichen Lernenden auch nach mehreren Monaten der Nutzung einige der PEW-spezifischen Funktionen. Aus den transkribierten Partnererklärungen kann abgelesen werden, dass die PEW-Nutzer ihren Partnern zwar gut die Grundfunktionen erklären können, sie jedoch die Sonderfunktionen des PEWs, wie z.B. die Speicher- oder *Quick View*-Funktion, kaum im Blick haben. Die Sprungfunktion, mit der sich eine Äquivalenzprobe durchführen lässt, wird jedoch von allen sechs Experten erklärt. Der Wechsel vom Wörterbuch Deutsch-Englisch hin zum Wörterbuch Englisch-Deutsch scheint nahezu intuitiv möglich zu sein.

Wenn es um die Auswahl der passenden Übersetzung aus dem Eintrag auf der Basis einer adäquaten Interpretation der Mikrostruktur des Eintrags geht, sind die Erklärungen der Schülerinnen und Schüler häufig lückenhaft und deuten auf ein mangelndes Verständnis der im Eintrag vorgefundenen lexikographischen Informationen (z.B. Wortarten, Hinweise auf Register, mehrere Bedeutungsebenen) hin. Die Auswahl von Eintragsinformationen stellt die Lernenden häufig vor eine Herausforderung, die nicht selten in einen missglückten Nachschlagevorgang mündet – ein Befund, der sich auch in dem zweiten Teil der Videostudie widerspiegelt, bei der die Lernenden bei der Bearbeitung einer Schreibaufgabe aufgenommen werden.

Für die Auswertung der Partnergespräche und Interviews wird in Anlehnung an das Konsultationsmodell von Engelberg und Lemnitzer (2009) zunächst eine prozessorientierte Perspektive zugrunde gelegt, um den Erfolg der Nachschlagehandlungen einzuschätzen. Hiernach sind alle sechs Probanden relativ erfolgreich, weil sie im Schnitt mehr als drei Viertel aller Schritte des Konsultationsprozesses erfolgreich durchlaufen. Die Tandems unterscheiden sich jedoch darin, wie häufig sie einzelne Teilschritte des Nachschlagevorgangs ohne Erfolg durchlaufen.

Insgesamt werden mehr als die Hälfte aller Nachschlagevorgänge erfolgreich abgeschlossen. Etwa jeder fünfte Nachschlagevorgang ist indes nicht erfolgreich und mehr als ein Viertel wird abgebrochen. Die häufigsten Fehler passieren beim Einbetten des Wortes in den Text. Aber auch die Identifikation des passenden Lemmas und die fehlerhafte Verarbeitung von Informationen aus dem Eintrag sind häufige Fehlerquellen. Die Komplexität der Prozesse wird anhand der Beispiele aus den Primärdaten eindrücklich illustriert. Der Nachschlagevorgang stellt sich als ein zyklischer Prozess dar, bei dem Eintragsinformationen mit der eigenen Aussageabsicht abgeglichen werden müssen. Dieser Abgleich führt vor allem bei polysemen Wörtern zu Konfliktlagen, wenn die Eintragsstruktur divergent ist, d. h. wenn es für das nachgeschlagene Wort mehrere potenzielle Zielwörter gibt.

Die Detailanalyse der Lernertexte, Partnergespräche und Interviews zeigt, dass eine prozessorientierte Perspektive auf den Nachschlagevorgang, die den Erfolg einer Nachschlagehandlung am möglichst vollständigen Durchlaufen aller Teilschritte festmacht, um eine produktorientierte Perspektive ergänzt werden muss. Erst so gelangt man zu einer belastbaren Einschätzung des Erfolgs einer Nachschlagehandlung. Als Kriterium für den erfolgreichen Nachschlagevorgang gilt am Ende die semantisch und syntaktisch korrekte Integration des Wortes in den Satzzusammenhang. Diese Schlussfolgerung ergibt sich aus der Zusammenschau der Daten, aus den Gesprächen der Tandems wie auch der nachfolgenden Befragungen und der produzierten Texte.

Auch wenn sich gezeigt hat, dass der Anteil der durchlaufenen Teilschritte zum Teil recht hoch ist und man unter einer prozessorientierten Perspektive dies bereits als Nachschlageteilerfolg verbuchen kann, macht es Sinn, die Lösung des kommunikativen Problems, die ins Stocken geratene Realisierung einer Aussageabsicht mangels lexikalischer Mittel, als vorrangiges Kriterium für den Nachschlageerfolg zu definieren. Es ist eine Erkenntnis dieser Teilstudie des MobiDic-Projekts, dass für die Bestimmung des Erfolgs eines Nachschlagevorgangs die produktorientierte Perspektive Vorrang vor der prozessorientierten Perspektive hat. Mit Blick auf die erfolgreiche Benutzung bei der Bearbeitung einer textproduktiven Aufgabe lässt sich formulieren: „The proof of the consultation is in the text".

Künftige Forschungsvorhaben sollten sowohl eine produkt- wie auch eine prozessorientierte Perspektive auf den Nachschlagevorgang einnehmen. Vor allem im Kontext qualitativer Untersuchungsdesigns macht die Unterscheidung einer produkt- von einer prozessorientierten Perspektive Sinn. Schwierigkeiten und Stolpersteine, denen Lernende während des Nachschlagevorgangs begegnen, lassen sich so aufspüren und auf der Metaebene beschreiben. Erst wenn klar ist, mit welchen Problemen sich Lernende während des Nachschlagevorgangs konfrontiert sehen, können Lehrpersonen in angemessener Weise Hilfestellungen anbieten und ein lerner- und bedarfsorientiertes Training entwickeln, welches die Ausbildung einer curricular geforderten Wörterbuchbenutzungskompetenz unterstützt.

Des Weiteren werden im Verlauf der MobiDic-Studie Erfahrungen zu Forschungsdesign und -methoden gewonnen, die für zukünftige Untersuchungen genutzt werden können. Dazu zählen die in der MobiDic-Studie entwickelten videogestützten Erhebungen mit zwei Kameras und komplementär zusammengesetzten Paaren von Experten und Novizen. Es wäre aufschlussreich, mit diesem Design eine Partnerarbeit zum Leseverstehen zu untersuchen. Die Aufgabe würde gezielt Konsultationsvorgänge provozieren und eine Analyse ausgewählter Phänomene des Nachschlagevorgangs ermöglichen.

Insgesamt scheint die Benutzung eines PEWs den Lernenden das selbstständige Verfassen von Texten zu erleichtern, da sie über eine basale Wörterbuchbenutzungskompetenz zum Eingeben und Abrufen von Zielwörtern verfügen. In den transkribierten Gesprächen wird jedoch deutlich, dass sprachliche Defizite und fehlendes metasprachliches Bewusstsein dazu führen, dass die sprachlichen Hilfen des Wörterbuchs nicht in vollem Umfang genutzt werden. Insofern weisen die Ergebnisse dieser Teilstudie der Konzeption eines PEW-spezifischen Trainings den Weg.

Wissenschaftler, die PEW unter erwachsenen Lernern einsetzen (z. B. Bower / McMillan 2007, Kobayashi 2007, Wingate 2004), halten ein spezifisches Training im Umgang mit digitalen Wörterbüchern für unerlässlich. Wenn leistungsschwache Jugendliche von technologischen Innovationen wie PEW profitieren sollen, erscheint ein ihrem Leistungsniveau angepasstes, altersspezifisches Training umso wichtiger. Bestandteile eines solchen Trainings sollen sowohl lexikographische Termini und Abkürzungen wie auch PEW-spezifische Funktionen sein. Möglicherweise ist das reflektierte Nachschlagen, welches durch die PEW-Benutzung eingeübt wird, sogar über den Englischunterricht hinaus für den kompetenten Umgang mit modernen Medien wichtig. Die Erkenntnisse aus den videographierten Partnerarbeiten unterstreichen diese Forderung. Deshalb ist es erforderlich, dass Lehrkräfte mit PEW und fachdidaktischen Konzepten vertraut gemacht werden, um mit ihren Schülerinnen und Schülern das notwendige Training zum Umgang mit neuen Lernmedien im Unterrichtsalltag durchführen zu können.

7.5 Motivation für das Englischlernen

Die Ergebnisse zur Wörterbuchbenutzung zeigen, dass trotz aller Fortschritte die Wörterbuchbenutzungskompetenz auch am Ende des Untersuchungszeitraums zu wünschen übriglässt (vgl. Kapitel 7.3 und 7.4). Die Ergebnisse zur Einstellung und Lernmotivation lassen die Schülerinnen und Schüler jedoch in einem anderen Licht erscheinen.

Die deskriptiven Ergebnisse der Fragebogenerhebung (vgl. Kapitel 6.6.2, 6.6.3 und 6.6.4) zeigen, dass die PEW-Nutzer eine positivere Einstellung zu PEW als zu PW haben. Dieses Ergebnis verstärkt sich im Laufe der Studie. Die Einstellung der PW-Nutzer zu PW hat sich im Gegensatz dazu am Ende der Studie zum Negativen verändert. Auffällig ist vor allem, dass die Ergebnisse bzgl. Aufwand und Nutzen hinsichtlich PEW homogener werden. Am Ende der PEW-Benutzungszeit wird der Nutzen von PEW als hoch eingeschätzt. Aufgrund der anderthalbjährigen Dauer der Studie ist davon auszugehen, dass die positive Einstellung zum PEW nicht auf den *novelty effect* zurückzuführen ist. Auch ist es unwahrscheinlich, dass die Schülerinnen und Schüler positive Angaben machen, nur weil es ein technisches Gerät ist. Denn im Vergleich zur optischen Attraktivität und den technischen Möglichkeiten von Smartphones sind die eingesetzten PEW eher einfach ausgestattet. Die positive Einschätzung des PEWs beruht vielmehr auf einer positiven Einschätzung des Aufwand-Nutzen-Verhältnisses und der unmittelbar erfahrenen Lernunterstützung. Bei einer informellen mündlichen Evaluation der PEW in den Klassen äußerten viele Schülerinnen und Schüler, dass sie insbesondere die Konsultationsgeschwindigkeit schätzen.

Insgesamt zeigen die Ergebnisse zur Einstellung zu PEW und PW, dass leistungsschwache Schülerinnen und Schüler PEW gegenüber positiv eingestellt sind. Aufwand und Nutzen stehen in einem ausgewogenen Verhältnis. Insbesondere wenn Schülerinnen und Schüler beide Wörterbucharten kennen, greifen sie gerne zum PEW. Dieses Ergebnis ist insbesondere relevant, wenn man sich die untersuchte Schülerklientel vor Augen hält. Dass tendenziell leistungsschwache Lerner ein Hilfs- und Lernmittel nach anderthalb Jahren Benutzung sehr positiv sehen, ist ein Hinweis auf das Potenzial von PEW für den Englischunterricht an Haupt- und Gesamtschulen. Für weitere Forschung wäre es wünschenswert, die attitudinalen Effekte von PEW mit größeren Stichproben und vor allem Lernergruppen anderer Schulformen zu untersuchen. Die Stichprobe der MobiDic-Studie ist zu klein, um Ergebnisse zu generalisieren und vertiefte statistische

Analysen, etwa Regressionsanalysen, durchzuführen. Das entwickelte Erhebungsinstrument erweist sich aber als reliabel und somit wiederverwendbar.

Der längsschnittliche Vergleich der Ergebnisse der PEW-Nutzer zur Lernmotivation zeigt signifikante Veränderungen sowohl für das akademische Selbstkonzept als auch für die Einstellung zum Englischlernen (vgl. Kapitel 6.6.4). Zum Ende der Studie haben die Schülerinnen und Schüler mehr Vertrauen in ihre eigene Leistungsfähigkeit gewonnen. Es stellt sich die Frage, ob und in welchem Maße dies auf den Einsatz der PEW zurückgeführt werden kann. Die Homogenität der Ergebnisse der PEW-Gruppe am Endes des Benutzungszeitraums (vgl. Abb. 6–17) und die hohe Effektstärke (r = ,55) im Vergleich zur PW-Gruppe können als Indizien für die positive Wirkung des PEWs gewertet werden. Die Zuwächse bei der Lernmotivation sind nur für die PEW-Gruppe statistisch signifikant (vgl. Kapitel 6.6.4).

Zusammengenommen zeichnen die Ergebnisse zu attitudinalen und motivationalen Faktoren ein positives Bild der PEW-Benutzung. Die bereits zitierte Vermutung von Stirling (2005: 71), dass die affektiven Effekte von PEW möglicherweise stärker seien als die sprachlichen, wird durch die Ergebnisse der MobiDic-Studie gestützt. Vor allem leistungsschwache Englischlerner von Haupt- und Gesamtschulen, die häufig wenig motiviert sind, könnten von PEW im Englischunterricht profitieren.

Auch wenn andere Faktoren wie soziale Erwünschtheit und die geringen Sprachkompetenzen eine Rolle spielen mögen, sprechen die Gruppenunterschiede dafür, dass die Verfügbarkeit der PEW einen positiven Effekt hat. Die Schülerinnen und Schüler haben anderthalb Jahre Erfahrungen mit dem PEW gesammelt und dabei erlebt, dass sie bei lexikalischen Unsicherheiten auf das PEW als Hilfsmittel zugreifen und Aufgaben somit erfolgreich bearbeiten können. Die Beobachtung der Lehrerinnen und Lehrer, dass die meisten Schülerinnen und Schüler mit dem PEW Erfolgserlebnisse im Englischunterricht haben, wird von den positiven Ergebnissen zur Einstellung zum PEW gestützt. Entsprechend ist anzunehmen, dass sich durch kumulative Erfolgserlebnisse mit PEW im Laufe der Studie stabile Dispositionen bilden, die sich in den positiven Auskünften zur Lernmotivation niederschlagen. Einschränkend ist darauf hinzuweisen, dass diese Interpretation der Ergebnisse auf einer nicht-repräsentativen Stichprobe basiert. Im Sinne des explorativen Forschungsdesigns der MobiDic-Studie wird daher folgende Hypothese aufgestellt, die im Weiteren überprüft werden muss: Die Verfügbarkeit eines PEWs vergrößert das Selbstvertrauen von Schülerinnen und Schülern, kommunikative Probleme in und mit der Fremdsprache Englisch zu lösen (Kassel i.V.).

8 Ausblick: Neue Medien – neue Fragen

Die MobiDic-Studie hat ein in der deutschen Fachdidaktik und in der europäischen Wörterbuchbenutzungsforschung bisher wenig beachtetes Forschungsfeld eröffnet und Hypothesen für zukünftige Untersuchungen zum Einsatz von PEW im Fremdsprachunterricht generiert. Aufgrund der positiven Tendenzen, die sich aus dem Einsatz von PEW für schulisches Sprachenlernen abzeichnen (vgl. Kap.7), ist weitere Forschung in diesem neuen Feld aus fachdidaktisch-praktischer Sicht lohnend und kann als Desiderat gelten. Um an den empirischen, hypothesengenerierenden Charakter der MobiDic-Studie anzuschließen, bieten sich nun fachdidaktische hypothesenprüfende Replikationsstudien an, welche die ermittelten Ergebnisse an einer größeren Stichprobe statistisch überprüfen (vgl. Bortz / Döring 2006: 4ff.).

Forschungsmethodologisch hat die MobiDic-Studie gezeigt, welche Herausforderungen mit der Erforschung der PEW-Nutzung im Feld verbunden sind. Fremdsprachliches Lernen und Wörterbuchbenutzung sind multifaktorielle Phänomene mit zahlreichen Einflussfaktoren, die sich nur annähernd kontrollieren lassen. Ergebnisse müssen daher in ihren spezifischen Kontexten betrachtet und interpretiert werden. In forschungspraktischer Hinsicht muss betont werden, dass fachdidaktische Forschung auch mit relativ niedrigen Probandenzahlen und qualitativen Designs sowohl zeit- und ressourcenintensiv als auch tendenziell störanfällig ist, was auf die komplexe Ablauforganisation an Schule, die Dynamik des Schulalltags und den hohen Absprachebedarf zwischen Beteiligten verschiedener Institutionen zurückzuführen ist.

Wünschenswert sind auch fachdidaktische Studien mit neuen Schwerpunkten, deren Relevanz sich in der MobiDic-Studie abzeichnet. Es sollten Folgestudien mit anderen Teilnehmern und unterschiedlichen Schwerpunkten durchgeführt werden. So sollten z. B. auch Lernende aus anderen Schulformen und Altersgruppen (Grundschulen, Gymnasien, Berufskollegs) einbezogen werden. Die hier vorgestellten Ergebnisse könnten dadurch differenzierter betrachtet werden.

Folgende ausgewählten Hypothesen, die aus den Ergebnissen der MobiDic-Studie generiert werden, müssen in zukünftigen Untersuchungen mit größeren Stichproben geprüft werden:

- Lernende, die bei einem standardisierten Leseverstehenstest ein PEW nutzen, erreichen eine höhere Punktzahl als Lernende, die bei dem gleichen Test ein PW nutzen.

- Lernende, die bei einem standardisierten Lesetest ein PEW nutzen, vollziehen mehr erfolgreiche Nachschlagehandlungen als Lernende, die bei dem gleichen Lesetest ein PW nutzen.
- Zwischen Leseverstehen und Nutzungsfrequenz beim Lesen mit einem Wörterbuch besteht ein Zusammenhang: Je mehr Wörter nachgeschlagen werden, desto höher ist die Leseverstehensleistung.
- Zwischen der Nutzungsfrequenz, erfasst durch die Zahl der Konsultationen mit dem PEW, und der Retentionsrate besteht ein Zusammenhang: Je mehr Wörter Schülerinnen und Schüler im Verlaufe eines Schuljahres in ihrem PEW nachschlagen, desto höher sind Wortschatzzuwächse am Ende des Schuljahres.
- Zwischen der Nutzung des PEWs, erfasst durch die Nachschlagehäufigkeit, und der Wörterbuchbenutzungskompetenz der Nutzer besteht ein Zusammenhang: Je häufiger Nutzer ein PEW nutzen, desto stärker ausgeprägt ist ihre Wörterbuchbenutzungskompetenz.
- Die Verfügbarkeit eines PEWs vergrößert das Selbstvertrauen von Schülerinnen und Schülern in die eigene Problemlösefähigkeit in der und mit der Fremdsprache Englisch.

Im Verlauf der MobiDic-Studie konnten zu Forschungsdesign und -methode Erfahrungen gewonnen werden, die für zukünftige Untersuchungen genutzt werden können. Dazu zählen die der Handlungsforschung nahestehende enge Kooperation mit den Lehrerinnen und Lehrern, die Nähe zum Schulalltag, die Berücksichtigung curricularer Rahmenvorgaben, das längsschnittliche Prä-Post-Design, die in der MobiDic-Studie entwickelten Erhebungsinstrumente sowie die videogestützten Erhebungen mit zwei Kameras und komplementär zusammengesetzten Paaren von Experten mit PEW-Erfahrung und Novizen ohne PEW-Erfahrung.

Derzeit sind PEW in deutschen Klassenzimmern eher selten anzutreffen. Sie sind, wie eingangs ausgeführt, bisher nur in fünf Bundesländern für zentrale Prüfungen zugelassen. Ob sich dies in den kommenden Jahren ändern wird und PEW eine höhere Verbreitung erfahren werden, ist ungewiss. Die zukünftige Stellung von PEW wird davon beeinflusst werden, welche curricularen Entscheidungen in den nächsten Jahren getroffen werden, welche didaktischen Konzepte den lernförderlichen Einsatz sicherstellen und welche Modelle bezüglich der Anschaffung und Haftung entwickelt werden. Die Vorgaben der KMK (2012: 31) könnten jedoch Anlass geben, den schulischen Einsatz von PEW in Zukunft auf administrativer und schulischer Ebene intensiver zu diskutieren. Die Ergebnisse der MobiDic-Studie liefern konkrete Anhaltspunkte für eine sachliche Auseinandersetzung mit der Frage, ob PEW an Schulen eingesetzt werden sollten.

Unstrittig ist, dass vor dem Hintergrund der fortschreitenden Digitalisierung der Einsatz elektronischer Wörterbücher im Fremdsprachenunterricht ein für Schule und Forschung relevantes Thema ist. Hinweise darauf liefert die steigende Zahl von Studien zu Online-Wörterbüchern (vgl. z.B. Klosa o. J.). Als Indikator für die stärkere Beachtung digitaler Lehr- und Lernmittel in den Fremdsprachendidaktiken kann die Tatsache gewertet werden, dass bei der 25. Jahrestagung der Deutschen Gesellschaft für Fremdsprachenforschung 2013 eine eigene Sektion für Mobiles Lernen eingerichtet wurde. An immer mehr Schulen werden Tablet-Klassen eingerichtet. Bis zum 10. April 2015 gab es mindestens 142 Tablet-Schulen in Deutschland (vgl. Infoport GmbH o. J.) und zusätzlich sogenannte *BYOD*-Projekte (*bring your own device*) (vgl. Heinen 2014). Der Einsatz multifunktionaler mobiler Endgeräte wird zum Beispiel auf der vom Niedersächsischen Landesinstitut für schulische Qualitätsentwicklung ausgerichteten Tagung 'Mobile.Schule' an der Universität Oldenburg diskutiert (vgl. NLQ o. J.).

Insbesondere bildungsbezogene Anwendungen, sogenannte *Educational Apps*, machen Smartphones und Tablets für das Fremdsprachenlernen interessant (Stephens 2013). Schmidt (2013: 7) weist allerdings darauf hin, dass viele Apps „didaktisch und lerntheoretisch weit hinter das zurück[fallen], was Lernprogramme in den 90er-Jahren bereits geleistet haben". Seines Erachtens können mobile Endgeräte dann gewinnbringend genutzt werden, wenn pädagogisch hochwertige Apps mit bewährten Unterrichtsmethoden und Unterrichtsinhalten in herausfordernd und kommunikativ konstruierten Lernaufgaben kombiniert werden (vgl. ebd.). Barr (2011: 231) berichtet, dass japanische Studierende ihr Smartphone nutzen, um mit der Kamera vom Lehrer angefertigte Notizen abzufotografieren, ihre Aussprache und das flüssige Sprechen mit der Sprachaufnahme zu trainieren, mit Vokabellernprogrammen Wortschatz zu erweitern und um ihre Lese- und Hörverstehenskompetenz mit englischsprachigen Nachrichten-Apps zu schulen.

In der Diskussion um *Mobile Assisted Language Use* (MALU) (Jarvis / Achilleos 2013) bzw. mobilem Lernen (De Witt / Sieber 2013) spielen Wörterbücher eine untergeordnete Rolle. In einer Studie zum Einsatz von Smartphones für das Englischlernen mit 162 japanischen Studierenden finden White und Mills (2015: 9) heraus, dass 21% der Lerner Wörterbuch-Apps nutzen. Damit machen Wörterbuch-Apps in dieser Studie nur ein Fünftel der PEW-Besitzrate bei japanischen Englischlernern aus (vgl. Matsumoto 2016: 18). 62,3% von 342 Studierenden, die Übersetzungswissenschaften in Hong Kong studieren, geben an, täglich bzw.

mehrmals pro Woche Wörterbuch-Apps zu nutzen (vgl. Law / Li 2011, zit. in Töpel 2014: 43). Lern-Apps werden von 7% der beteiligten Studierenden genutzt (White / Mills 2015: 9). Auch wenn 78% der Studierenden das Smartphone als hilfreich oder sehr hilfreich für das Englischlernen bezeichnen, kommen White und Mills (2015) zu folgendem Schluss:

> [I]t would seem that Japanese university students are still not extensively using educational applications on their smartphones, indicating that access to this technology has not changed the reluctance of members of this group to use their personal phones for learning. (White / Mills 2015: 11)

Ein vollständiger Überblick über den Markt der Wörterbuch-Apps würde den Rahmen und die Zielsetzung dieser Publikation sprengen. Es ist in Anbetracht der Anzahl von PEW und Wörterbuch-Apps nicht möglich, die beiden Arten elektronischer Wörterbücher umfassend und abschließend zu vergleichen. Um dennoch zu einer Einschätzung des didaktischen Potenzials beider Wörterbucharten zu gelangen, werden im Folgenden überblicksartig vergleichende Überlegungen ohne Anspruch auf Vollständigkeit angestellt.

Eine erste Orientierung bietet ein Überblicksartikel von Winestock und Jeong (2014). Demzufolge waren im Juni 2013 im Apple App Store 5646 und in Google Play 4178 Wörterbuch-Apps abrufbar (ebd. 114). Sucht man heute im Google Play Store nach „Wörterbuch englisch deutsch" werden 255 Wörterbuch-Apps gelistet[18]. Betrachtet man die ersten 20 Treffer, findet man mit PONS an siebter und Langenscheidt an achtzehnter Stelle zwei etablierte Wörterbuchverlage. An erster, zweiter und fünfter Stelle sind die populären Internet-Wörterbücher *Linguee*, *dict.cc* und *LEO* zu finden. Abgesehen vom *Google-Translator* an elfter Stelle, sind die übrigen Wörterbücher den Autoren unbekannt. Die siebzehn zuerst aufgeführten Wörterbuch-Apps sind kostenfrei und finanzieren sich vermutlich über Werbung. Dies ist zum Beispiel für die App *dict.cc* der Fall. Beim Aufrufen eines Lemmas erscheint am unteren Bildschirmrand blinkende, bunte Werbung, die sich beim Scrollen durch den teilweise sehr langen Wörterbuchartikel nicht verändert und das Display verkleinert. Bei vielen Wörterbuch-Apps, sogenannte „freemiums", lässt sich allerdings die Werbung durch eine Zahlung ausstellen. Bei *dict.cc* zahlt der Nutzer 99 Cent um die App ein Jahr werbungsfrei nutzen zu können. Deutlich hochpreisiger sind die Wörterbuch-Apps etablierter Wörterbuchverlage. PONS bietet zwar ein kostenloses Online-Wörterbuch mit Werbung an, verlangt für die offline-App 'PONS Schule' allerdings 14,99 Euro. Das bilinguale Lernerwörterbuch von Langenscheidt kostet 17,95 Euro und das

---

18 Die Autoren führten die Recherchen im Juli 2016 durch.

Oxford Advanced Learner's Dictionary schlägt mit 28,99 Euro zu Buche. Der Eindruck unserer eigenen Sichtung der ersten zwanzig Wörterbuch-Apps wird von Winestock und Jeong (2014: 114) bestätigt, deren Recherche zufolge 93% der Wörterbuch-Apps in Google Play von unbekannten Wörterbuchverlagen stammen und meist weniger als 10 Dollar kosten. Dieser Befund gilt auch für 80% der Wörterbuch-Apps im Apple App Store.

Mit Blick auf den Einsatz in der Schule ist zu fragen, ob PEW oder eher multifunktionalen Smartphones bzw. Tablets der Vorzug zu geben ist. PEW wirken mit ihrer Tastatur und dem LCD Display veraltet und bleiben als monofunktionale Geräte hinter anderen mobilen Endgeräten zurück, auch wenn einzelne PEW-Hersteller durch eine Karteikartenfunktion oder das Aufspielen englischer sowie amerikanischer Literatur die Funktionalität erweitert haben. Im Hinblick auf die Eignung als Wörterbuch sind jedoch andere Kriterien – z. B. die lexikographische Qualität der Informationen, die Angemessenheit von Umfang und Darstellung im Hinblick auf den Nutzer, die gerätbedingten Unterschiede beim Zugriff auf Wörterbuchartikel sowie der Aufbau der Wörterbuchartikel – bedeutsamer.

Die lexikographische Qualität muss im Einzelfall an konkreten Beispielen beurteilt werden. Grundsätzlich ist davon auszugehen, dass renommierte Wörterbuchverlage für gute Qualität stehen. Wörterbuch-Apps basieren allerdings oft auf Internet-Wörterbüchern und können teilweise auf jahrelange Erfahrung und damit verbundene Weiterentwicklungen, die zum Teil von professionellen Übersetzern begleitet werden, zurückgreifen. Besser vergleichbar sind die Makrostruktur, also der Zugriff auf die Wörterbuchartikel, die Mikrostruktur, also die Struktur der Wörterbuchartikel, die Mediostruktur, also die Navigation zwischen Wörterbuchartikeln, sowie gerätbedingte Faktoren. Eine vergleichende Gegenüberstellung von Gemeinsamkeiten und Unterschieden ist Tabelle 8–1 zu entnehmen.

Tab. 8–1: Gemeinsamkeiten und Unterschiede von PEW und Wörterbuch-Apps für mobile Endgeräte

	PEW	Wörterbuch-App
Wörterbuch-artikel suchen (Makrostruktur)	– Eingabefeld mit inkrementeller Suchfunktion; QWERTZ-Tastatur – Stichwort-, Idiom- und Beispielsatzsuche separat – Vorauswahl für Sprachrichtung nötig	– Eingabefeld mit inkrementeller Suchfunktion; QWERTZ-Touchpad auf dem Display – Eingabe von Einzelwörtern oder Phrasen im gleichen Eingabefeld – gleichzeitige Suche in beiden Sprachrichtungen

	PEW	Wörterbuch-App
Struktur des Wörterbuch-artikels (Mikrostruktur)	– Wörterbuchartikel entspricht i. W. dem PW, wobei Bedeutungen mit Absätzen voneinander abgesetzt und Beispielsätze herausgekürzt sind (separat aufzurufen) – metalexikographische Informationen zur Disambiguierung sind vorhanden – lexikographische Qualität entspricht der des PW	– Wörterbuchartikel besteht aus einer Vielzahl von Übersetzungsvarianten in Listenform (dadurch tendenziell länger als im PEW) – meist keine oder nur stark reduzierte metalexikographische Informationen zur Disambiguierung vorhanden – lexikographische Qualität App-abhängig
Navigation (Mediostruktur)	– schnelles Wechseln von Wörterbuchartikeln durch Sprungfunktion – Anzeigen von Beispielsätzen über Tasten	– schnelles Wechseln von Wörterbuchartikeln wegen Verlinkung durch Anklicken – Beispielsätze ggf. im Wörterbuchartikel aufgelistet
Gerätbedingte Faktoren	– Größe der Anzeige meist ca. 8x4 cm – offline verfügbar – als Wörterbuch monofunktional – Aussprachefunktion gerätabhängig (teilweise möglich, nur für Einzelwörter)	– Größe der Anzeige gerätabhängig, meist 9x5 cm, oft durch Werbung der App und Tastatur-Feld kleiner – meist nur online verfügbar (kostenpflichtige Apps auch offline) – durch Internetzugang sowie multimediale Ausstattung (Kamera, Mikrofon) multifunktional – Aussprachefunktion vorhanden (auch für Phrasen)

Zusammenfassend ist festzuhalten, dass es Gemeinsamkeiten und Unterschiede gibt. Zu den Gemeinsamkeiten zählt die ähnliche, inkrementelle Suche. Es ist davon auszugehen, dass das Suchen und Aufrufen von Wörterbuchartikeln in PEW und Wörterbuch-Apps am Smartphone ähnlich aufgebaut ist und ähnlich schnell geschieht. PEW-Nutzer müssen ihre Suche genauer vorbereiten, indem sie sich für ein Wörterbuch bzw. eine Sprachrichtung entscheiden. Unterschiede gibt es vor allem in der Darstellung der Wörterbuchartikel. Während den Wörterbuchartikeln im PEW ihre Verwandtschaft mit dem PW deutlich anzumerken ist, bestehen Wörterbuchartikel in Apps eher aus Listen von Übersetzungsäquivalenten. In beiden Fällen sind die Bedeutungspositionen anhand der Wortart strukturiert. Wörterbuch-Apps scheinen jedoch deutlich mehr Übersetzungen zu listen. Das führt dazu, dass Nutzer zum Beispiel für den Wörterbuchartikel zum Stichwort *fair* in den Wörterbuch-Apps *dict.cc* und *Pons Online Wörterbuch* viel länger scrollen müssen, bis sie zum Ende des Artikels gelangen. Weiterhin scheint es, als ob Wörterbuch-Apps in geringerem Maße Kontextinformationen zur Disambiguierung bereitstellen, als dies die in PEW enthaltenen Wörterbücher tun. Beide Wörterbucharten bieten in gleichem Maße die Möglichkeit zum schnellen Springen zwischen Wörterbuchartikeln. Das erleichtert es Nutzern, die Äquivalenzprobe durchzuführen. Diese Funktion ist bei Wörterbuch-Apps durch das Touchpad intuitiver als die Sonderfunktion 'Sprung' beim PEW. Das Erstellen von individuellen Wortlisten ist, zumindest wenn man vor allem kostenpflichtige Wörterbuch-Apps berücksichtigt, ebenfalls bei beiden Wörterbucharten möglich.

PEW und Wörterbuch-Apps unterscheiden sich vor allem hinsichtlich der Wörterbuchartikel. Die an PW angelehnte Struktur der Wörterbuchartikel des PEWs ist kompakter als jene der Wörterbuch-Apps. Das kann auf der einen Seite dazu führen, dass Nutzer sich in kürzeren Artikeln besser zurechtfinden und, auch wegen der Kontextinformationen, erfolgreicher die für den jeweiligen Kontext passende Bedeutungsposition auswählen. Auf der anderen Seite können die durch metalexikographische Abkürzungen, Symbole und Fachbegriffe aufgeladenen Wörterbuchartikel PEW-Nutzer auch überfordern. In diesem Falle verstehen Nutzer Wortlisten der Wörterbuch-Apps vielleicht besser und sind erfolgreicher, wenn sie Apps nutzen. Es wäre wünschenswert, die Ergebnisse der MobiDic-Studie mit Untersuchungsergebnissen eines Vorhabens zu vergleichen, in dem andere digitale Hilfsmittel wie Wörterbuch-Apps eingesetzt werden.

Neben den gerade angestellten lexikographisch orientierten Überlegungen gilt es, für den schulischen Einsatz pragmatische Aspekte zu erwägen. Hier sind zunächst Preis und Fragen der Haftung zu nennen. Ein PEW kostet zwischen 70 und 150 Euro. Wörterbuch-Apps der gleichen Qualität sind ebenfalls kostenpflichtig, doch wenn nicht alle im PEW enthaltenen Wörterbücher erworben werden, sind Apps günstiger als PEW. Für Smartphone-Apps wie PEW stellt sich gleichermaßen die Frage, wie für eventuelle Schäden gehaftet werden kann, wenn die Geräte im Privatbesitz der Schüler sind. Aus schulischer Perspektive kann der Einsatz von privaten Smartphones zu Problemen führen. So können Smartphones in einer Klassengemeinschaft vorliegende sozio-ökonomische Ungleichheiten öffentlich sichtbar machen. Weiterhin können Smartphones zum Cyber-Mobbing missbraucht werden, da sie durch ihren Internet-Zugang gleichermaßen auf Apps wie auf Nachrichtenprogramme zugreifen können. Die Möglichkeit, Nachrichten zu schicken und im Internet zu surfen, stellt auf der einen Seite immer eine potenzielle Ablenkung für die Lerner dar und macht den Einsatz in Prüfungen unmöglich. Auf der anderen Seite bietet der Internetzugang die Möglichkeit, Ressourcen des *World Wide Web* für den Unterricht zu nutzen. Wenn Schulen sich allerdings für die Nutzung mobiler Endgeräte entscheiden, müssen sie auch ein stabiles und leistungsstarkes WLAN sicherstellen. Die Monofunktionalität des PEWs macht es möglicherweise zu einem geeigneten Lern- und Hilfsmittel für den schulischen Kontext. Nichtsdestotrotz sind PEW recht teuer und stellen für Eltern eine hohe Ausgabe dar, die insbesondere sozio-ökonomisch schwächere Familien stark belastet.

Um das didaktische Potenzial von PEW im Vergleich zu Wörterbuch-Apps zu beurteilen, müssen im Einzelfall konkrete Modelle verglichen werden. PEW sind für den Fremdsprachenunterricht vermutlich das, was Taschenrechner für den Mathematikunterricht sind. Die Monofunktionalität und Abgeschlossenheit des PEWs machen gleichermaßen seine Stärke und seine Schwäche aus. Auf PEW sind mehrere Wörterbücher guter lexikographischer Qualität aufgespielt, die nicht veränderbar und nicht aktualisierbar sind. PEW ermöglichen Schülern vor allem das schnelle Aufrufen von Wörterbuchartikeln und die schnelle Gegenprobe. Nutzer müssen allerdings in der Benutzung der Wörterbücher geschult sein. Für die PEW-Benutzung kommt, wie vom PW gewohnt, der Schulung metalexikographischer Symbole und Abkürzungen eine wichtige Rolle zu, da die Wörterbuchartikel jenen im PW im Wesentlichen entsprechen. Es sind keine gesicherten Aussagen darüber möglich, ob Schüler in Wörterbuchartikeln der PEW oder der Wörterbuch-Apps erfolgreicher Bedeutungspositionen identifizieren können. Es ist jedoch zu vermuten, dass Wörterbuchartikel in Apps mehr Bedeutungspositionen enthalten, ohne Kontextinformationen bereitzustellen und außerdem, dass die Werbung der freien Apps den Nutzer in seiner Konsultation stört.

Aus fachdidaktischer Perspektive lässt sich folgendes Fazit aus der MobiDic-Studie ziehen: PEW sind ein sinnvolles Hilfsmittel für den Englischunterricht und verfügen über hinreichendes Potenzial zur Förderung des Fremdsprachenlernens auch bei schwächeren Lernern. Allerdings ist die spezifische Weiterentwicklung von PEW als Lernmittel für den Fremdsprachenunterricht gemeinsam mit den Herstellern, Lexikographen, Fachdidaktikern und Praktikern wünschenswert. Mit bedarfsgerecht gestalteten PEW ließe sich die Effektivität des Einsatzes im Fremdsprachenunterricht voraussichtlich steigern. Dabei ist zu beachten, dass sich die Ergebnisse unserer explorativen Studie auf eine spezifische Stichprobe beziehen und keine Repräsentativität beanspruchen.

Als besonders relevant und geradezu dringlich sind mit Blick auf die Gruppe leistungsschwacher Lerner zukünftige Forschungsvorhaben einzuschätzen, die gezielt die Retention von Wortschatz in den Blick nehmen. Wenn schon das implizite beiläufige Lernen von Vokabeln durch die langfristige Nutzung eines PEWs zu – wenn auch bescheidenem – Zuwachs führt (vgl. Kapitel 6.3), könnte ein spezifisches Training möglicherweise umfangreicheren Wortschatzerwerb bewirken, wenn die Nutzer lernen, das PEW als digitales Lernmittel einzusetzen.

PEW und ihr schulischer Einsatz sind ohne Frage ein herausfordernder, aber lohnender Gegenstand fachdidaktischer Forschung. In weiteren Untersuchungen sollten auch Alternativen zum PEW in den Blick genommen werden. Vor dem Hintergrund der Ergebnisse der MobiDic-Studie bleibt zu fragen, welche Funktionen das PEW in Zukunft im schulischen Fremdsprachenunterricht erfüllen kann und ob Nutzer Kompetenzen vom PEW auf andere digitale Medien transferieren können.

Literaturverzeichnis

Alderson, John (1984). *Reading in a Foreign Language*. London: Longman.

Alderson, John (2000). *Assessing Reading*. Cambridge: CUP.

Artelt, Cordula / McElvany, Nele / Christmann, Ursula / Richter, Tobias / Groeben, Norbert / Köster, Juliane / Schneider, Wolfgang / Stanat, Petra / Ostermeier, Christian / Schiefele, Ulrich / Valtin, Renate / Ring, Klaus (Hrsg.) (2007). *Förderung von Lesekompetenz – Expertise*. Bonn, Berlin: BMBF.

Aust, Ronald / Kelley, Mary / Roby, Warren (1993). „The Use of Hyper-Reference and Conventional Dictionaries". In: *Educational Teaching Research and Development* 41 (4). 63–73.

Barr, Keith (2011). „Mobility in learning: The feasibility of encouraging language learning on smartphones". In: *Studies in Self-Access Learning Journal* 2 (3). 228–233.

Baumert, Jürgen / Klieme, Eckhard / Neubrand, Michael / Prenzel, Manfred / Schiefele, Ulrich / Schneider, Wolfgang / Stanat, Petra / Tillmann, Klaus-Jürgen / Weiß, Manfred (Hrsg.) (2001). *PISA 2000. Basiskompetenzen von Schülerinnen und Schülern im internationalen Vergleich*. Opladen: Leske / Budrich.

Baumert, Jürgen / Stanat, Petra / Watermann, Rainer (2006). „Schulstruktur und Entstehung differentieller Lern- und Entwicklungsmilieus". In: Baumert, Jürgen / Stanat, Petra / Watermann, Rainer (Hrsg.). *Herkunftsbedingte Disparitäten im Bildungswesen. Differentielle Bildungsprozesse und Probleme der Verteilungsgerechtigkeit. Vertiefende Analysen im Rahmen von PISA 2000*. Wiesbaden: VS Verlag. 95–102.

Beglar, David (2010). „A Rasch-based validation of the Vocabulary Size Test". In: *Language Testing* 27 (1). 101–118.

Boonmoh, Atipat (2010). „The Use of Pocket Electronic Dictionaries by Thai University Students". In: *Lexikos* 20. 680–690.

Boonmoh, Atipat (2012). „E-dictionary Use under the Spotlight: Students' Use of Pocket Electronic Dictionaries for Writing". In: *Lexikos* 22. 43–68.

Boonmoh, Atipat / Nesi, Hilary (2008). „A survey of dictionary use by Thai university staff and students, with special reference to pocket electronic dictionaries". *Horizontes de Lingüística Aplicada* 6 (2), 79–90.

Bortz, Jürgen / Döring, Nicola (2006). *Forschungsmethoden und Evaluation für Human- und Sozialwissenschaftler*. 4. Aufl. Berlin: Springer.

Böttger, Stephan (2013). *Competence in Consulting and Using Portable Electronic Dictionaries (PEDs). A Case Study with Learners of English as a Foreign*

Language at Secondary Modern Schools. Unveröffentlichte Masterthesis. Wuppertal: Bergische Universität Wuppertal.

Bower, Jack / McMillan, Brian (2007). „Learner use and views of portable electronic dictionaries". In: Bradford-Watts, Kim (Hrsg.). *JALT2006 Conference Proceedings.* Tokyo: JALT. 697–708. www.jalt-publications.org/archive/proceedings/2006/E110.pdf (16/08/2016).

Brüll, Matthias (2010). *Akademisches Selbstkonzept und Bezugsgruppenwechsel. Einfluss spezieller Förderklassen bei hochbegabten Schülern.* Göttingen: Hogrefe.

Bühner, Markus / Ziegler, Matthias (2009). *Statistik für Psychologen und Sozialwissenschaftler.* München: Pearson Studium.

Campoy-Cubillo, Mari Carmen (2015). „Assessing dictionary skills". *Lexicography ASIALEX* 2. 119–141.

Casio Europe GmbH (Hrsg.) (o.J.). *The CASIO dictionary study. A comparison of electronic and paper dictionaries. A study by the University of Osnabrück for CASIO Europe GmbH.* Norderstedt: CASIO Europe GmbH.

Chen, Yuzhen (2010). „Dictionary Use and EFL Learning. A Contrastive Study of Pocket Electronic Dictionaries and Paper Dictionaries". In: *International Journal of Lexicography* 23 (3). 275–306.

Chiu, Li-Ling / Liu, Gi-Zen (2013). „Effects of Printed, Pocket Electronic, and Online Dictionaries on High School Students' English Vocabulary Retention". In: *The Asia-Pacific Education Researcher* 22 (4). 619–634.

Chun, Dorothy / Plass, Jan (1996). „Effects of multimedia annotations on vocabulary acquisition". In: *Modern Language Learning* 80. 183–196.

Coady, James (1993). „Research on ESL/EFL Vocabulary Acquisition: Putting it in Context". In: Huckin, Thomas/Haynes, Margot/Coady, James (Hrsg.). *Second Language Reading and Vocabulary Learning.* Norwood, NJ: Ablex Publishing. 3–23.

Cobb, Tom (o.J.). *Compleat Lexical Tutor v.6.2. For data-driven language learning on the Web.* www.lextutor.ca/vp/ (16/08/2016).

Cohen, Louis / Manion, Lawrence / Morrison, Keith (2011). *Research Methods in Education.* 7. Aufl. London / New York: Routledge.

Crow, John (1986). „Receptive Vocabulary Acquisition for Reading Comprehension". In: *Modern Language Journal* 70. 242–250.

Crumpler, Mary / McCarty Colin (2006). *Access Reading Test. Form A.* London: Hodder and Stoughton.

De Witt, Claudia / Sieber, Almut (Hrsg.) (2013). *Mobile Learning – Potenziale, Einsatzszenarien und Perspektiven des Lernens mit mobilen Endgeräten.* Wiesbaden: VS Verlag.

Deng, Yanping (2005). „A Survey of College Students' Skills and Strategies of Dictionary Use in English Learning". *CELEA Journal* 28 (4). 73–77.

Diehr, Bärbel (2012a). „Portable Elektronische Wörterbücher im Englischunterricht der Mittelstufe". In: Bär, Markus / Bonnet, Andreas / Decke-Cornill, Helene / Grünewald, Andreas / Hu, Adelheid (Hrsg.). *Globalisierung – Migration – Fremdsprachenunterricht. Dokumentation zum 24. Kongress für Fremdsprachendidaktik der Deutschen Gesellschaft für Fremdsprachenforschung (DGFF) Hamburg, 28. September – 1. Oktober 2011.* Baltmannsweiler: Schneider-Verlag Hohengehren. 353–367.

Diehr, Bärbel (2012b). „Learner's Little Helpers. Mit elektronischen Wörterbüchern das Englischlernen erleichtern". *Der Fremdsprachliche Unterricht Englisch* 120. 2–8.

Diehr, Bärbel / Gieseler, Christina / Kassel, Jan Philipp (2013). „Lesen mit portablen elektronischen Wörterbüchern – Ausgewählte Ergebnisse der MobiDic-Studie." In: *Zeitschrift für Fremdsprachenforschung* 24 (2). 229–261.

Diehr, Bärbel / Rupp, Gerhard (2015). „Lesen". In: Kilian, Jörg / Rymarczyk, Jutta (Hrsg.). *Sprachdidaktik: Erstsprache, Zweitsprache, Fremdsprache. Wörterbücher zur Sprach- und Kommunikationswissenschaft (WSK-Online).* Berlin, New York: Mouton de Gruyter.

Drammer, Esther / Hempel, Margit / Struchholz, Bettina (2014). *Gesucht? – Gefunden! Elektronische Wörterbücher richtig einsetzen. Didaktische Grundlagen und praktische Umsetzung.* München: Casio / Hueber.

Dziemianko, Anna (2012). „On the use(fulness) of paper and electronic dictionaries". In: Granger, Sylviane / Paquot, Magali (Hrsg.). *Electronic Lexicography.* Oxford. Oxford University Press. 319–342.

Eagly, Alice / Chaiken, Shelly (1993). *The Psychology of Attitudes.* Fort Worth, TX: Harcourt Brace Jovanovich.

Eccles, Jacquelynne / Adler, Terry / Futterman, Robert / Goff, Susan / Kaczala, Caroline / Meece, Judith / Midgley, Carol (1983). „Expectancies, Values, and Academic Behaviors". In: Spence, Janet (Hrsg.). *Achievement and Achievement Motivation.* San Francisco: Freeman. 75–146.

Engelberg, Stefan / Lemnitzer, Lothar (2009). *Lexikographie und Wörterbuchbenutzung.* 4. Aufl. Tübingen: Stauffenburg Verlag.

Europarat. Rat für kulturelle Zusammenarbeit (2001). *Gemeinsamer europäischer Referenzrahmen für Sprachen: lernen, lehren, beurteilen.* Berlin: Langenscheidt.

Flick, Uwe / von Kardporff, Ernst / Keupp, Heiner / von Rosenstiel, Lutz / Wolff, Stephan (1995). *Handbuch Qualitative Sozialforschung: Grundlagen, Konzepte, Methoden und Anwendungen.* Weinheim: Beltz.

Flynn, Michael (2007). *Electronic Dictionaries, Printed Dictionaries and No Dictionaries: the Effects on Vocabulary Knowledge and Reading Comprehension.* Master-Dissertation. Birmingham: University of Birmingham. www.birmingham.ac.uk/Documents/college-artslaw/cels/essays/matefltesldissertations/DissertationFlynn.pdf (16/08/2016).

Foit, Sandra (2013). *Explaining the PED to Peers – an Analysis of Audio- and Audiovisual Data from the MobiDic-project.* Unveröffentlichter Forschungspraktikumsbericht. Wuppertal: Bergische Universität Wuppertal.

Fraser, Carol (1999). „Lexical processing strategy use and vocabulary learning through reading." In: *Studies in Second Language Acquisition* 21 (1). 225–242.

Gieseler, Christina (2012). „Die Erprobung zweier Leseverstehenstests im *MobiDic-Projekt".* Unveröffentlichter Forschungspraktikumsbericht. Wuppertal: Bergische Universität Wuppertal.

Gieseler, Christina (2013). „Lesekompetenz im MobiDic-Projekt. Ausgewählte Fallanalysen aus dem Prä-Test". Unveröffentlichte Masterthesis. Wuppertal: Bergische Universität Wuppertal.

Gießler, Ralf (2011). „Lernleistungen in Englisch-Grundkursen an Haupt- und Gesamtschulen. Empirische Befunde und Konsequenzen für eine datengestützte Lehrerbildung und Unterrichtsentwicklung". In: Elsner, Daniela / Wildemann, Anja (Hrsg.). *Sprachen lernen – Sprachen lehren. Language Learning – Language Teaching. Perspektiven für die Lehrerbildung in Europa. Prospects for Teacher Education across Europe.* Frankfurt am Main / Berlin / Bern: Peter Lang. 71–84.

Grabe, William (2009). „Teaching and Testing Reading". In: Long, Michael / Doughty Catherine (Hrsg.). *The Handbook of Language Teaching.* Oxford: Wiley-Blackwell. 441–462.

Grabe, William / Stoller, Fredricka (1997). „Reading and vocabulary development in a second languagage: A case study". In: Coady, James / Huckin, Thomas (Hrsg.). *Second Language Vocabulary Acquisition.* Cambridge: CUP. 98–122.

Grotjahn, Rüdiger (2007). „Konzepte für die Erforschung des Lehrens und Lernens fremder Sprachen. Forschungsmethodologischer Überblick". In: Bausch, Karl-Richard / Christ, Herbert / Krumm, Hans-Jürgen (Hrsg.). *Handbuch Fremdsprachenunterricht.* Tübingen: Francke. 493–499.

Grum, Urska (2012). „Anwendungsbeitrag: Anwendungsbeispiele statistischer Verfahren zur Analyse von Lernersprachdaten". In: Doff, Sabine (Hrsg.).

Fremdsprachenunterricht empirisch erforschen. Grundlagen – Methoden – Anwendung. Tübingen: Narr. 271–285.

Haddock, Geoffrey / Maio, Gregory R. (2007). „Einstellungen: Inhalt, Struktur und Funktionen". In: Jonas, Klaus / Stroebe, Wolfgang / Hewstone, Miles (Hrsg.). *Sozialpsychologie. Eine Einführung.* 5. Aufl. Heidelberg: Springer. 187–223.

Hahn, Christine (2011). *Introduction to Dictionaries in School. Do Students Receive an Adequate Introduction to the Use of Dictionaries?* Unveröffentlichte Hausarbeit. Wuppertal: Bergische Universität Wuppertal.

Heinen, Richard (2014). „Handy erlaubt! Smartphone und Co erobern das Klassenzimmer". In: *c't magazin für computer technik* 14. 112–115. www.heise.de/ ct/inhalt/2014/14/112/ (16/08/2016).

Helmke, Andreas / Schrader, Friedrich-Wilhelm / Wagner, Wolfgang / Nold, Günter / Schröder, Konrad (2008). „Selbstkonzept, Motivation und Englischleistung". In: Klieme, Eckhard / Eichler, Wolfgang / Helmke, Andreas / Lehmann, Rainer / Nold, Günter / Rolff, Hans-Günter / Schröder, Konrad / Thomé, Günther / Willenberg, Heiner (Hrsg.). *Unterricht und Kompetenzerwerb in Deutsch und Englisch. Ergebnisse der DESI-Studie.* Weinheim: Beltz. 244–257.

Hermes, Liesel (2010). „Leseverstehen". In: Surkamp, Carola (Hrsg.). Metzler Lexikon Fremdsprachendidaktik. Stuttgart / Weimar: Verlag J. B. Metzler. 196–200.

Hu Hsueh-Chao, Marcella / Nation, Paul (2000). „Unknown Vocabulary Density and Reading Comprehension". In: *Reading in a Foreign Language* 13 (1). 403–430.

Hulstijn, Jan (1993). „When Do Foreign-Language Readers Look Up the Meaning of Unfamiliar Words? The Influence of Task and Learner Variables". In: *The Modern Language Journal* 77 (2). 139–147.

Infoport GmbH (o. J.). Tablet in der Schule – Das iPad und andere Tablet Computer in der Bildung. www.tablet-in-der-schule.de/ (16/08/2016).

Jarvis, Huw / Achilleos, Marianna (2013). „From computer assisted language learning (CALL) to mobile assisted language use". In: *TESL-EJ* 16 (4). 1–18.

Jian, Hua-Li / Sandnes, Frode Eika / Law, Kris / Huang, Yo-Ping / Huang, Yueh-Min (2009). „The role of electronic pocket dictionaries as an English learning tool among Chinese students". In: *Journal of Computer Assisted Learning* 25 (6). 503–514.

Karcher, Günther (1988). *Das Lesen in der Erst- und Fremdsprache: Dimensionen und Aspekte einer Fremdsprachenlegetik.* Heidelberg: Groos.

Kassel, Jan Philipp (2010). *Die Favoritenliste des Portablen Elektronischen Wörterbuchs (PEW) als Instrument des Vokabellernens in einer neunten Klasse des Gymnasiums.* Unveröffentlichte Staatsexamensarbeit. Wuppertal: Bergische Universität Wuppertal.

Kassel, Jan Philipp (2015). „Die Benutzung portabler elektronischer Wörterbücher – eine empirische Studie mit Schülerinnen und Schülern der 9.–10. Klasse an Haupt- und Gesamtschulen". In: Sommer, Kathrin / Lorke, Julia / Mattiesson, Christiane (Hrsg.). *Publizieren in Zeitschriften für Forschung und Unterrichtspraxis – ein Element der Wissenschaftskommunikation in den Fachdidaktiken und Bildungswissenschaften.* Bad Heilbrunn: Julius Klinkhardt. 61–68.

Kassel, Jan Philipp (i. V.). *Die Benutzung portabler elektronischer Wörterbücher – eine empirische Studie mit Schülerinnen und Schülern der 9.–10. Klasse an Haupt- und Gesamtschulen* (Arbeitstitel).

Kassel, Jan Philipp / Gießler, Ralf (2012). „Ein elektronisches Wörterbuch auswählen". In: *Der Fremdsprachliche Unterricht Englisch* 120. 43–45.

Khalifa, Hanan / Weir, Cyril J. (2009). *Examining Reading: Research and Practice in Assessing Second Language Reading.* Cambridge: Cambridge University Press. 40–80.

Klieme, Eckhard / Eichler, Wolfgang / Helmke, Andreas / Lehmann, Rainer H./ Nold, Günter / Rolff, Hans-Günter / Schröder, Konrad / Thomé, Günther / Willenberg, Heiner (Hrsg.) (2006). *Unterricht und Kompetenzerwerb in Deutsch und Englisch. Zentrale Befunde der Studie Deutsch-Englisch-Schülerleistungen-International (DESI).* Frankfurt am Main: DIPF. www.dipf.de/de/forschung/ projekte/pdf/biqua/desi-zentrale-befunde (16/08/2016).

Klieme, Eckhard / Artelt, Cordula / Hartig, Johannes / Jude, Nina / Köller, Olaf / Prenzel Manfred / Schneider, Wolfgang / Stanat, Petra (2010). *PISA 2009: Bilanz nach einem Jahrzehnt. Zusammenfassung.* www.phil-fak.uni-duesseldorf.de/ fileadmin/Redaktion/Institute/Sozialwissenschaften/BF/Lehre/Materialien/ Pisa/PISA_2009_Zusammenfassung.pdf (16/08/2016).

Klippel, Friederike / Doff, Sabine (2009). *Englischdidaktik. Praxishandbuch für die Sekundarstufe I und II.* 2. Aufl. Berlin: Cornelson Scriptor.

Klosa, Annette (o.J.). *Netzwerk Internetlexikographie.* http://multimedia.ids-mann heim.de/ mediawiki/web/index.php/Hauptseite (16/08/2016).

Kobayashi, Chiho (2007). „Comparing electronic and printed dictionaries: Their effects on lexical processing strategy use, word retention, and reading comprehension". In: Bradford-Watts, Kim (Hrsg.). *JALT2006 Conference Proceedings.* Tokyo: JALT. 657–671.

Kobayashi, Chiho (2008). „The use of pocket electronic and printed dictionaries. A mixed-method study". In: Bradford-Watts, Kim/ Muller, Theron / Swanson, Malcolm (Hrsg.). *JALT2007 Conference Proceedings*. Tokyo: JALT. 769–783.

Konferenz der Kultusminister der Länder in der Bundesrepublik Deutschland (KMK) (Hrsg.) (2004). *Beschlüsse der Kultusministerkonferenz. Bildungsstandards für die erste Fremdsprache (Englisch/Französisch) für den Mittleren Schulabschluss Beschluss vom 4.12.2003*. München: Wolters Kluwer Deutschland GmbH. www.kmk.org/fileadmin/veroeffentlichungen_beschluesse/2003/2003_12_04-BS-erste-Fremdsprache.pdf (16/08/2016).

Konferenz der Kultusminister der Länder in der Bundesrepublik Deutschland (KMK) (Hrsg.) (2012). *Bildungsstandards für die fortgeführte Fremdsprache (Englisch / Französisch) für die Allgemeine Hochschulreife (Beschluss der Kultusministerkonferenz vom 18.10.2012)*. München: Wolter Kluwer Deutschland GmbH. www.kmk.org/fileadmin/veroeffentlichungen_beschluesse/2012/2012_10_18-Bildungsstandards-Fortgef-FS-Abi.pdf (16/08/2016).

Koyama, Toshiko / Takeuchi, Osamu (2003). „Printed Dictionaries vs. Electronic Dictionaries. A Pilot Study on How Japanese EFL Learners Differ in Using Dictionaries". In: *Language Education / Technology* 40. 61–79.

Koyama, Toshiko / Takeuchi, Osamu (2004a). „Comparing Electronic and Printed Dictionaries: How the Difference Affected EFL Learning". In: *JACET BULLETIN* 38. 33–46.

Koyama, Toshiko / Takeuchi, Osamu (2004b). „How Look-up Frequency Affects EFL Learning?. An Empirical Study on the Use of Handheld-Electronic Dictionaries". In: *Proceedings of CLaSIC 2004*. 1018–1024. http://kuir.jm.kansai-u.ac.jp/dspace/ bitstream/10112/5189/1/KU-1100-200400.pdf. (16/08/2016).

Koyama, Toshiko / Takeuchi, Osamu (2005a): „Does an Assigned Task Result in Better Retention of Words? Two Empirical Studies on Hand-held Electronic Dictionaries". In: *Language Education / Technology* 42. 119–132.

Koyama, Toshiko / Takeuchi, Osamu (2005b). „How has the Defference affected the retention? Two empirical studies on electronic dictionaries". http://fleat5.byu.edu/_files/75koyama.pdf (16/08/2016).

Koyama, Toshiko / Takeuchi, Osamu (2007). „Does Look-up Frequency Help Reading Comprehension of EFL Learners? Two Empirical Studies of Electronic Dictionaries". In: *CALICO Journal* 25 (1). 110–125.

Koyama, Toshiko / Takeuchi, Osamu (2009). „How effectively do good language learners use handheld electronic dictionaries. A qualitative approach". In: *Language Education / Technology* 46. 131–150.

Landt-Hayen, Levke (2009). *Elektronische Wörterbücher – eine empfehlenswerte Alternative zur Arbeit mit herkömmlichen zweisprachigen Wörterbüchern?* Schriftliche Hausarbeit zur Zweiten Staatsprüfung für die Laufbahn der Realschullehrerinnen und Realschullehrer in Schleswig-Holstein. Schleswig-Holstein: Institut für Qualitätsentwicklung an Schulen in Schleswig-Holstein. www.sharp.at/cps/rde/xchg/at/hs.xsl/-/html/6065.htm (16/08/2016).

Laufer, Batia (1997). „The lexical plight in second language reading: Words you don't know, words you think you know, and words you can't guess". In: Coady, James / Huckin, Thomas (Hrsg.). *Second Language Vocabulary Acquisition.* Cambridge: Cambridge University Press. 20–34.

Laufer, Batia / Hulstijn, Jan H. (2001). „Incidental Vocabulary Acquisition in a Second Language: The Construct of Task-Induced Involvement". *Applied Linguistics* 22 (1). 1–26.

Law, Wai On / Li, Ka-leung (2011). „Mobile phone dictionary: Friend or foe? A user attitude survey of Hong Kong translation students". In: Akasu, Kaoru / Uchida, Satoru (Hrsg.). *Lexicography: Theoretical and practical perspectives-Papers submitted to the Seventh ASIALEX Biennial International Conference, Kyoto, Japan, 22–24 August 2011.* 303–312.

Lew, Robert (2002). „Questionnaires in dictionary use research: A reexamination". In: Braasch, Anna / Povlsen, Claus (Hrsg.). *Proceedings of the Tenth EURALEX International Congress, EURALEX 2002, Copenhagen, Denmark, August 12–17, 2002, Vol.1.* Copenhagen: Center for Sprogteknologi: Copenhagen University. 267–271. www.works.bepress.com/robert_lew/22 (16/08/2016).

Lew, Robert (2013). „Online dictionary skills". In: Kosem, Iztok / Kallas, Jelena / Gantar, Polona / Krek, Simon / Langemets, Margit / Tuulik, Maria (Hrsg.). *Electronic lexicography in the 21st century: thinking outside the paper. Proceedings of the eLex 2013 conference, 17–19 October 2013, Tallinn, Estonia.* Ljubljana/Tallinn: Trojina, Institute for Applied Slovene Studies/Eesti Keele Instituut. 16–31.

Loucky, John Paul (2006). „Maximizing Vocabulary Development by Systematically Using a Depth of Lexical Processing Taxonomy, CALL Resources, and Effective Strategies". *CALICO Journal* 23 (2). 363–399.

Lowie, Wander / Seton, Bregtje (2013). *Essential Statistics for Applied Linguistics.* Basingstoke, New York: Palgrave MacMillan.

Luppescu, Stuart / Day, Richard (1993). „Reading, Dictionaries, and Vocabulary Learning". In: *Language Learning* 43. 263–287.

Lutjeharms, Madeline (2004). „Verarbeitungsebenen beim Lesen in Fremdsprachen". In: Klein, Horst / Ruthke, Dorothea (Hrsg.). *Neuere Forschungen zur Europäischen Interkomprehension.* Aachen: Shaker. 67–82.

Lutjeharms, Madeline (2010). „Vermittlung der Lesefertigkeit". In: Krumm, Hans-Jürgen / Fandrych, Christian / Hufeisen, Britta / Riemer, Claudia (Hrsg.). *Deutsch als Fremd- und Zweitsprache: Ein internationales Handbuch, 1. Halbband.* Berlin / New York: De Gruyeter Mouton. 976–982.

Matsumoto, Osamu (2016). „Survey of Dictionary Use among Japanese High School Students Learning English as a Foreign Language". In: *Departmental Bulletin Paper* 45. 15–29. https://dspace.wul.waseda.ac.jp/dspace/bitstream/2065/47900/1/EigoEibungakuSoshi_45_Matsumoto.pdf (16/08/2016).

Mayring, Philipp (2010). „Qualitative Inhaltsanalyse". In: Mey, Günther / Mruck, Katja (Hrsg.). *Handbuch qualitative Forschung in der Psychologie.* Wiesbaden: Springer Fachmedien. 601–613.

Medienpädagogischer Forschungsverbund Südwest (MPFS) (Hrsg.) (2011). *JIM 2011. Jugend, Information, (Multi-) Media. Basisstudie zum Medienumgang 12- bis 19-Jähriger in Deutschland.* Stuttgart: Medienpädagogischer Forschungsverbund Südwest. www.mpfs.de/fileadmin/JIM-pdf11/JIM2011.pdf (16/08/2016).

Medienpädagogischer Forschungsverbund Südwest (MPFS) (Hrsg.) (2012). *JIM 2012. Jugend, Information, (Multi-) Media. Basisstudie zum Medienumgang 12- bis 19-Jähriger in Deutschland.* Stuttgart: Medienpädagogischer Forschungsverbund Südwest. www.mpfs.de/fileadmin/JIM-pdf12/JIM2012_Endversion.pdf (16/08/2016).

Medienpädagogischer Forschungsverbund Südwest (MPFS) (Hrsg.) (2015). *JIM 2015. Jugend, Information, (Multi-) Media. Basisstudie zum Medienumgang 12- bis 19-Jähriger in Deutschland.* Stuttgart: Medienpädagogischer Forschungsverbund Südwest. http://www.mpfs.de/fileadmin/JIM-pdf15/JIM_2015.pdf (16/08/2016).

Ministerium für Schule, Jugend und Kinder des Landes Nordrhein-Westfalen (MSJK NRW) (Hrsg.) (2004). *Kernlehrplan für die Gesamtschule – Sekundarstufe I in Nordrhein-Westfalen. Englisch.* Frechen: Ritterbach Verlag.

Ministerium für Schule und Weiterbildung des Landes Nordrhein-Westfalen (MSW) (Hrsg.) (2008). *Ergebnisse der Lernstandserhebungen Klasse 8, 2008.* www.schulentwicklung.nrw.de/lernstand8/upload/download/mat_07-08/LSE_Ergebnisbericht_0809-2008.pdf (16/08/2016).

Ministerium für Schule und Weiterbildung des Landes Nordrhein-Westfalen (MSW) (Hrsg.) (2009). *Ergebnisse der Lernstandserhebungen Klasse 8, 2009.* www.schulentwicklung.nrw.de/lernstand8/upload/download/mat_08-09/090528_Landesweiter_Ergebnisbericht.pdf (16/08/2016).

Ministerium für Schule und Weiterbildung (MSW) (Hrsg.) (2011). *Ergebnisse der Lernstandserhebungen in Klasse 8: Ergebnisse des Durchgangs 2011 in Nordrhein-Westfalen.* www.schulentwicklung.nrw.de/lernstand8/upload/download/mat_2011/Bericht_Lernstand8-2011.pdf (16/08/2016).

Nation, Paul (2001). *Learning Vocabulary in Another Language.* Cambridge: CUP.

Nation, Paul (2008a). *Teaching Vocabulary. Strategies and Techniques.* Boston, MA: Heinle.

Nation, Paul (2008b). „Lexical awareness in second language learning". In: Cenoz, Jasone / Hornberger, Nancy (Hrsg.). *Band 6: Knowledge about language.* In: Hornberger, Nancy (Hrsg.). *Encyclopedia of Language and Education.* (2. Aufl.). New York: Springer Science. 167–177.

Nation, Paul / Beglar, David (2007). „A vocabulary size test". In: *The Language Teacher* 31 (7). 9–12.

Naumann, Johannes / Artelt, Cordula / Schneider, Wolfgang / Stanat, Petra (2010). „Lesekompetenz von PISA 2000 bis PISA 2009". In: Klieme, Eckhard / Artelt, Cordula / Hartig, Johannes / Jude, Nina / Köller, Olaf / Prenzel, Manfred / Schneider, Wolfgang / Stanat, Petra (Hrsg.). *PISA 2009. Bilanz nach einem Jahrzehnt.* Münster: Waxmann. 23–71.

Nesi, Hilary. (2003). „The Specification of Dictionary Reference Skills in Higher Education". In: Hartmann, Reinhard R. K. (Hrsg.). *Lexicography: Critical Concepts. Volume I: Dictionaries, Compilers, Critics and Users.* London / New York: Routledge. 370–393.

Nesi, Hilary / Boonmoh, Atipat (2009). „A Close Look at the Use of Pocket Electronic Dictionaries for Receptive and Productive Purposes". In: Fritzpatrick, Tess / Barfield, Andy (Hrsg.). *Lexical Processing in Second Language Learners. Papers and Perspectives in Honour of Paul Meara.* Bristol / Buffalo / Toronto: Multilingual Matters. 67–81.

Nesi, Hilary / Meara, Paul (1991). „How using dictionaries affects performance in multiple-choice EFL tests." In: *Reading in a foreign language* 8 (1). 631–643.

Nguyen, Le Thi Cam / Nation, Paul (2011). „A Bilingual Vocabulary Size Test of English for Vietnamese Learners". In: *RELC Journal* 42 (1). 86–99.

Niedersächsisches Landesinstitut für schulische Qualitätsentwicklung (NLQ) (o. J.). *Mobile.Schule – Tagung Mobiles Lernen mit Tablets und Co.* www.mobile.schule/ (16/08/2016).

Nold, Günter / Willenberg, Heiner (2007). „Lesefähigkeit". In: Beck, Bärbel / Klieme, Eckhard (Hrsg.). *Sprachliche Kompetenzen. Konzepte und Messungen. Die DESI-Studie.* Weinheim: Beltz. 23–41.

Ortega, Lourdes (2009). *Understanding Second Language Acquisition.* London: Hodder.

Osaki, Satsuki / Ochiai, Natsue / Iso, Tatsuo / Aizawa, Kazumi (2003). „Electronic dictionary vs. printed dictionary. Accessing the appropriate meaning, reading comprehension and retention". In: Murata, Minoru / Yamada, Shigeru / Tono, Yukio (Hrsg.). *Proceedings of ASIALEX '03 Tokyo*. Tokyo: Asialex. 205–212.

Osaki, Satsuki / Nakayama, Natsue (2004). *"Denshijisyo vs. insatujisyo—Yuyosei to jikkousei no chigainituiteno kosatu* [Electronic dictionary vs. paper dictionary: A comparison of the two dictionary studies]". In: *Bulletin of Tokyo Denki University, Arts and Sciences* 2. 77–83.

Oser, Fritz / Heinzer, Sarah / Salzmann, Patrizia (2010a). „Die Messung der Qualität von professionellen Kompetenzprofilen von Lehrpersonen mit Hilfe der Einschätzung von Filmvignetten: Chancen und Grenzen des advokatorischen Ansatzes". In: *Thementeil Lehrerforschung in Unterrichtswissenschaft* 38 (1). 5–28.

Oser, Fritz / Düggeli, Albert / Heinzer, Sarah (2010b). „Qualitätsmessung von Lehrpersonen-Kompetenzen. Ein neuer Ansatz". In: Abel, Jürgen / Faust, Gabriele (Hrsg.). *Wirkt Lehrerbildung? Antworten aus der empirischen Forschung.* Münster / New York / München / Berlin: Waxmann. 133–153.

Ronald, James / Ozawa, Shinya (2008). „The Electronic Dictionary in the Language Classroom: The Views of Language Learners and Teachers". In: Bernal, Elisenda / DeCesaris, Janet (Hrsg.). *Proceedings of the Thirteenth EURALEX International Congress, Barcelona, Spain, July 15th-19th, 2008.* Barcelona: University Pompeu Fabra, 1311–1315.

Rosebrock, Cornelia / Nix, Daniel (2011). *Grundlagen der Lesedidaktik und der systematischen schulischen Leseförderung.* 4. Aufl. Baltmannsweiler: Schneider Hohengehren.

Schmidt, Torben (2013). „Smartphone = Smart Learning? Englischlernen per App und Co." *At Work – Das Englisch-Magazin von Diesterweg* 15 (23). 6–7.

Schmitt, Norbert (2008). „Instructed second language vocabulary learning". In: *Language Teaching Research* 12 (3). 329–363.

Scrivener, James (2005). *Learning Teaching.* 2. Aufl. London: Macmillan.

Selting, Margret / Auer, Peter / Barth-Weingarten, Dagmar / Bergmann, Jörg / Bergmann, Pia / Birkner, Karin / Couper-Kuhlen, Elizabeth / Deppermann, Arnulf / Gilles, Peter / Günthner, Susanne / Hartung, Martin / Kern, Friederike / Mertzlufft, Christine / Meyer, Christian / Morek, Miriam / Oberzaucher, Frank / Peters, Jörg / Quasthoff, Uta / Schütte, Wilfried / Stukenbrock, Anja/ Uhmann, Susanne (2009). „Gesprächsanalytisches Transkriptionssystem 2 (GAT 2)". In: *Gesprächsforschung – Online-Zeitschrift zur verbalen Interaktion* 10. 353–402.

Shieh, Wenyuh / Freiermuth, Mark R. (2010). „Using the DASH Method to Measure Reading Comprehension". In: *TESOL Quarterly* 44 (1). 110–128.

Shizuka, Tetsuhito (2003). „Efficiency of Information Retrieval from the Electronic and the Printed Versions of a Bilingual Dictionary". In: *Language Education / Technology* 40. 15–33.

Siepmann, Dirk / Holterhof, Barbara (2007). „Ein neuer Wortschatztest für deutsche Französischlehrer". In: *Französisch Heute* 3. 239–257.

Statistikstelle der Stadt Wuppertal (2013a). Wuppertaler Statistik – Raumbezogene Daten – Quartiere. www.wuppertal.de/rathaus/onlinedienste/rbs_statistik/statistik_quartier.phtml (16/08/2016).

Statistikstelle der Stadt Wuppertal (2013b). Wuppertaler Statistik – Raumbezogene Daten – Thematische Karten. https://www.wuppertal.de/rathaus/onlinedienste/rbs_statistik/ thematische_karten_startseite.phtml (16/08/2016).

Stephens, Clint (2013). *60 Apps in 60 Minutes.* http://tinyurl.com/cn62zqc (16/08/2016).

Stirling, Johanna (2005). „The Portable Electronic Dictionary. Faithful friend or faceless foe?" In: *Modern English Teacher* 14 (3). 64–71.

Sugimoto, Tomoaki (2007). „The Effectiveness of Paper and Electronic Dictionaries". In: *M.A. TESOL Conference.* 1–4. www.oocities.com/matesol2007/handouts/dictionaries.pdf (16/08/2016).

Tang, Gloria M. (1997). „Pocket Electronic Dictionaries for Second Language Learning. Help or Hindrance?". In: *TESL Canada Journal* 15 (1). 39–57.

Terhart, Ewald (2011). „Zur Situation der Fachdidaktiken aus der Sicht der Erziehungswissenschaft: konzeptionelle Probleme, institutionelle Bedingungen, notwendige Perspektiven". In: Bayrhuber, Horst / Harms, Ute / Muszynski, Bernhard / Ralle, Bernd / Rothgangel, Martin / Schön, Lutz-Helmut / Vollmer, Helmut J. / Weigand, Hans-Georg (Hrsg.). *Empirische Fundierung in den Fachdidaktiken.* Münster: Waxmann. 241–256.

Töpel, Antje (2014). „Review of research into the use of electronic dictionaries". In: Müller-Spitzer, Carolin (Hrsg.). *Using Online Dictionaries.* Berlin / Bosten: De Gruyter. 13–54.

Tono, Yukio (1989). „Can a Dictionary Help One Read Better? On the Relationship between EFL Learners' Dictionary Reference Skills and Reading Comprehension". In: James, Gregory (Hrsg.). *Lexicographers and their works.* Exeter: University of Exeter Press. 192–200.

University of Cambridge Local Examinations Syndicate (UCLES) (2004). *University of Cambridge ESOL Examinations: English for Speakers of Other Languages: KEY ENGLISH TEST: Reading and Writing: Sample Paper 1 and 2.* http://www.cambridgeenglish.org/exams/key/preparation/ (16/08/2016).

Wagner, Wolfgang / Helmke, Andreas / Schrader, Friedrich-Wilhelm / Eichler, Wolfgang / Thomé, Günther / Willenberg, Heiner (2008). „Selbstkonzept und Motivation im Fach Deutsch". In: Klieme, Eckhard / Eichler, Wolfgang / Helmke, Andreas / Lehmann, Rainer / Nold, Günter / Rolff, Hans-Günter / Schröder, Konrad / Thomé, Günther / Willenberg, Heiner (Hrsg.). Unterricht und Kompetenzerwerb in Deutsch und Englisch: Ergebnisse der DESI-Studie. Weinheim: Beltz. 231–243.

Weinert, Franz E. (2001). „Leistungsmessung in Schulen – eine umstrittene Selbstverständlichkeit". In: Weinert, Franz E. (Hrsg.). Leistungsmessung in Schulen. Weinheim / Basel: Beltz. 17–31.

Weir, Cyril (2005). Language Teaching and Validation: An Evidence-based Approach. New York: Palgrave Macmillan.

Weschler, Robert / Pitts, Chris (2000). „An Experiment Using Electronic Dictionaries with EFL Students". In: The Internet TESL Journal VI (8). http://iteslj.org/Articles/Weschler-ElectroDict.html (16/08/2016).

White, Jeremy / Mills, Daniel J. (2015). „Examining Attitudes towards and Usage of Smartphone technology among Japanese University Students Studying EFL". CALL-EJ 15 (2). 1–15.

Wiegand, Herbert / Beißwenger, Michael / Gouws, Rufus / Kammerer, Matthias / Storrer, Angelika / Wolski, Werner (Hrsg.) (2010). Wörterbuch zur Lexikographie und Wörterbuchforschung. Band 1: Systematische Einführung. Berlin / New York: Walter de Gruyter Verlag.

Winestock, Christopher / Jeong, Young-kuk (2014). „An analysis of the smartphone dictionary app market". Lexicography ASIALEX 1. 109–119.

Wingate, Ursula (2004). „Dictionary use — the need to teach strategies". In: Language Learning Journal 29 (1). 5–11.

Zanna, Mark / Rempel, John (1988). „Attitudes: A new look at an old concept". In: Bar-Tal, Daniel / Kruglanski, Arie (Hrsg.). The social psychology of knowledge. Cambridge: Cambridge University Press. 315–334.

Anhang

1. *Vocabulary Size Test* (VST-Teil 1) (adaptiert, bilingual)
2. *Vocabulary Size Test* (VST-Teil 2) (adaptiert, bilingual)

Anhang 1: Bilingualisierter *Vocabulary Size Test* (Teil 1[19])

Wie viele englische Wörter kennst du?		

Wie viele englische Wörter kennst du?
Bitte kreuze die richtige Antwort an. Lies dir unbedingt immer alle vier möglichen Übersetzungen durch und entscheide dann. Es gibt nur eine richtige Antwort. Hier ist ein Beispiel:

		TIME: They have a lot of **time**.
	a.	Geld
	b.	Nahrung
X	c.	Zeit
	d.	Freunde

Vielen Dank für Deine Mithilfe und viel Erfolg! ☺

First 1000

1.	SEE: They **saw** it.
a.	schnitten
b.	erwarteten
c.	sahen
d.	begannen

4.	JUMP: She tried to **jump**.
a.	schwimmen
b.	springen
c.	bremsen
d.	rennen

2.	PERIOD: It was a difficult **period**.
a.	Frage
b.	Zeit
c.	Aufgabe
d.	Buch

5.	STANDARD: Her **standards** are very high.
a.	Absätze
b.	Schulnoten
c.	Gehalt
d.	Maßstäbe

---

19 Der VST-Teil 1 wurde von den Autoren speziell in einer deutsch-englischen Fassung erstellt und in der MobiDic-Studie in Prä- und Post-Erhebungen eingesetzt. Die berichteten Ergebnisse basieren auf diesem Instrument. Der Test basiert auf den ersten fünf k-Level des VSTs von Nation und Beglar (2007), wurde im Vergleich zu diesem jedoch zum Zweck einer schnelleren Bearbeitungszeit gekürzt.

3.	POOR: We are **poor**.
a.	arm
b.	glücklich
c.	interessiert
d.	faul

Second 1000

6.	MAINTAIN: Can they **maintain** it?
a.	aufrechterhalten
b.	vergrößern
c.	verbessern
d.	bekommen

7.	UPSET: I am **upset**.
a.	müde
b.	berühmt
c.	reich
d.	bestürzt

8.	PATIENCE: He has no **patience**.
a.	Geduld
b.	Freizeit
c.	Glaube
d.	Gerechtigkeitssinn

9.	PUB: They went to the **pub**.
a.	Kneipe
b.	Bank
c.	Einkaufzentrum
d.	Schwimmbad

10.	MICROPHONE: Please use the **microphone**.
a.	Mikrowelle
b.	Mikrofon
c.	Mikroskop
d.	Mobiltelefon

Third 1000

11.	RESTORE: It has been **restored**.
a.	wiederholt
b.	abgegeben
c.	verbilligt
d.	restauriert

12.	SCRUB: He is **scrubbing** it.
a.	verkratzt
b.	repariert
c.	schrubbt
d.	skizziert

13.	STRAP: He broke the **strap**.
a.	Versprechen
b.	Deckel
c.	Teller
d.	Riemen

14.	DASH: They **dashed** about.
a.	rannten herum
b.	schlichen herum
c.	kämpften
d.	blinzelten

15.	LONESOME: He felt **lonesome**.
a.	undankbar
b.	erschöpft
c.	einsam
d.	kraftvoll

Fourth 1000

16.	LATTER: I agree with the **latter**.
a.	Pfarrer
b.	Begründung
c.	verbessern
d.	Antwort

17.	TUMMY: Look at my **tummy**.
a.	Kopftuch
b.	Bauch
c.	Hamster
d.	Daumen

18.	CRAB: Do you like **crabs**?
a.	Krebse
b.	Kekse
c.	Stehkrägen
d.	Grillen

19.	VOCABULARY: You will need more **vocabulary**.
a.	Wörter
b.	Geschick
c.	Geld
d.	Waffen

20.	ALLEGE: They **alleged** it.
a.	behaupteten
b.	kopierten
c.	bewiesen
d.	widersprachen

Fifth 1000

21.	WEEP: He **wept**.
a.	hörte auf
b.	weinte
c.	starb
d.	war besorgt

22.	NUN: We saw a **nun**.
a.	Wurm
b.	Unfall
c.	Nonne
d.	Erscheinung

23.	CUBE: I need one more **cube**.
a.	Nagel
b.	Würfel
c.	Becher
d.	Karte

24.	PEEL: Shall I **peel** it?
a.	wässern
b.	schälen
c.	weiß streichen
d.	kleinschneiden

25.	BACTERIUM: They didn't find a single **bacterium**.
a.	Bakterie
b.	Balkonpflanze
c.	Diebesgut
d.	Packtier

Anhang 2: Bilingualisierter *Vocabulary Size Test* (Teil 2[20])

Wie viele englische Wörter kennst du?		

Bitte kreuze die richtige Antwort an. Lies dir unbedingt immer alle vier möglichen Übersetzungen durch und entscheide dann. Es gibt nur eine richtige Antwort. Hier ist ein Beispiel:

		TIME: They have a lot of **time**.
	a.	Geld
	b.	Nahrung
X	c.	Zeit
	d.	Freunde

Vielen Dank für Deine Mithilfe und viel Erfolg! ☺

First 1000

1.		TIME: They have a lot of **time**.
	a.	Geld
	b.	Nahrung
	c.	Zeit
	d.	Freunde

4.		SHOE: Where is your **shoe**?
	a.	Aufpasser
	b.	Geldbeutel
	c.	Stift
	d.	Schuh

2.		FIGURE: Is this the right **figure**?
	a.	Antwort
	b.	Ort
	c.	Zeitpunkt
	d.	Zahl

5.		BASIS: I don't understand the **basis**.
	a.	Begründung
	b.	Wörter
	c.	Schilder
	d.	Grundlage

---

20 Mit dem VST-Teil 2 werden alle Items der ersten fünf k-Level des monolingualen VSTs nach Nation und Beglar (2007) abgedeckt. In der Post-Erhebung der MobiDic-Studie wurde der VST ungekürzt, also VST Teil 1 und Teil 2, eingesetzt. Die Ergebnisse von Teil 2 werden jedoch nicht berichtet, da die Daten keinen längsschnittlichen Vergleich zulassen. Die Ergebnisse von Teil 2 bestätigen die Ergebnisse von Teil 1.

3.	DRIVE: He **drives** fast.
a.	schwimmt
b.	springt
c.	wirft
d.	fährt

Second 1000

6.	STONE: He sat on a **stone**.
a.	Stein
b.	Hocker
c.	Kissen
d.	Ast

7.	DRAWER: The **drawer** was empty.
a.	Schublade
b.	Garage
c.	Eisfach
d.	Regal

8.	The chances of success are **nil**.
a.	gering
b.	gleich null
c.	sehr gut
d.	mittelmäßig

9.	CIRCLE: Make a **circle**.
a.	Skizze
b.	Loch
c.	Kreis
d.	Falle

10.	PRO: He's a **pro**.
a.	Detektiv
b.	Idiot
c.	Reporter
d.	Profisportler

Third 1000

11.	SOLDIER: He is a **soldier**.
a.	Geschäftsmann
b.	Student
c.	Schmied
d.	Soldat

12.	JUG: He was holding a **jug**.
a.	Krug
b.	Unterhaltung
c.	Mütze
d.	Granate

13.	DINOSAUR: The children were pretending to be **dinosaurs**.
a.	Piraten
b.	Engel
c.	Drachen
d.	Dinosaurier

14.	PAVE: It was **paved**.
a.	aufgehalten
b.	aufgeteilt
c.	vergoldet
d.	geplfastert

15.	ROVE: He couldn't stop **roving**.
a.	zu trinken
b.	umherzustreichen
c.	zu pfeifen
d.	zu arbeiten

Fourth 1000

16.	COMPOUND: They made a new **compound**.
a.	Vereinbarung
b.	Mischung
c.	Geschäftsgemeinschaft
d.	Vorhersage

17.	CANDID: Please be **candid**.
a.	vorsichtig
b.	einfühlsam
c.	gerecht
d.	offen

18.	QUIZ: We made a **quiz**.
a.	Köcher
b.	Fehler
c.	Ratespiel
d.	Nistkasten

19.	INPUT: We need more **input**.
a.	Informationen
b.	Arbeiter
c.	Mörtel
d.	Geld

20.	REMEDY: We found a good **remedy**.
a.	Lösung
b.	Rückzugsort
c.	Kochrezept
d.	Rechenregel

Fifth 1000

21.	DEFICIT: The company had a large **deficit**.
a.	Minusbetrag
b.	Wertminderung
c.	Ausgabenplan
d.	Rücklagen

22.	HAUNT: The house is **haunted**.
a.	mit Bildern geschmückt
b.	gemietet
c.	leer
d.	von Geistern heimgesucht

23.	COMPOST: We need some **compost**.
a.	Unterstützung
b.	Aufmunterung
c.	Zement
d.	Kompost

24.	MINIATURE: It is a **miniature**.
a.	Verkleinerung
b.	Mikroskop
c.	Kleintier
d	Verbindungslinie

25.	FRACTURE: They found a **fracture**.
a.	Bruch
b.	Teilchen
c.	Kurzmantel
d.	Edelstein

Kolloquium Fremdsprachenunterricht

Herausgegeben von Daniela Caspari, Lars Schmelter,
Karin Vogt und Nicola Würffel

Kolloquium Fremdsprachenunterricht (KFU) publiziert Tagungsdokumentationen und thematisch ausgerichtete Sammelbände sowie einschlägige Monographien, Dissertationen und Habilitationsschriften zu allen relevanten Fragenstellungen der Fremdsprachenforschung. Insbesondere folgende Forschungsgebiete sind von Interesse: Fremdsprachendidaktik aller Sprachen, Fremdsprachenlehr- und -lernforschung, Forschungsmethoden, Mehrsprachigkeitsforschung, interkultureller Fremdsprachenunterricht, Multiliteralitätsforschung, bilingualer Unterricht, mediengestütztes Fremdsprachenlernen und -lehren, Literatur- und Textdidaktik.

Publikationsanfragen richten Sie bitte an eine/n der HerausgeberInnen, Prof. Dr. Daniela Caspari, Prof. Dr. Lars Schmelter, Prof. Dr. Karin Vogt, Prof. Dr. Nicola Würffel. Gerne berät das Herausgeberteam interessierte AutorInnen bei Forschungsprojekten.

Prof. Dr. Daniela Caspari: http://www.geisteswissenschaften.fu-berlin.de/we05/mitarbeiter/caspari/index.html
Prof. Dr. Lars Schmelter: http://www.romanistik.uni-wuppertal.de/personal/fachdidaktik/prof-dr-phil-lars-schmelter.html
Prof. Dr. Karin Vogt: http://www.ph-heidelberg.de/englisch/personen/lehrende/prof-dr-vogt.html
Prof. Dr. Nicola Würffel: http://www.ph-heidelberg.de/mediendidaktik/personen/lehrende/prof-dr-nicola-wuerffel.html

Band 1   Volker Raddatz / Michael Wendt (Hrsg.): Textarbeit im Fremdsprachenunterricht – Schrift, Film, Video. Kolloquium zur Ehren von Bertolt Brandt (Verlag Dr. Kovac 1997).

Band 2   Gabriele Blell / Wilfried Gienow (Hrsg.): Interaktion mit Texten, Bildern, Multimedia im Fremdsprachenunterricht (Verlag Dr. Kovac 1998).

Band 3   Renate Fery / Volker Raddatz (Hrsg.): Lehrwerke und ihre Alternativen. 2000.

Band 4   Gisèle Holtzer / Michael Wendt (éds.): Didactique comparée des langues et études terminologiques. Interculturel – Stratégies – Conscience langagière. 2000.

Band 5   Gerhard Bach / Susanne Niemeier (Hrsg.): Bilingualer Unterricht. Grundlagen, Methoden, Praxis, Perspektiven. 5., überarbeitete und erweiterte Auflage. 2010.

Band 6   Michael Wendt (Hrsg.): Konstruktion statt Instruktion. Neue Zugänge zu Sprache und Kultur im Fremdsprachenunterricht. 2000.

Band 7   Dagmar Abendroth-Timmer / Stephan Breidbach (Hrsg.): Handlungsorientierung und Mehrsprachigkeit. Fremd- und mehrsprachliches Handeln in interkulturellen Kontexten. 2000.

Band 8   Wolfgang Zydatiß: Leistungsentwicklung und Sprachstandserhebungen im Englischunterricht. Methoden und Ergebnisse der Evaluierung eines Schulversuchs zur Begabtenförderung: Gymnasiale Regel- und Expressklassen im Vergleich. Unter Mitarbeit von Viola Vockrodt-Scholz. 2002.

Band 9   Wilma Melde / Volker Raddatz (Hrsg.): Innovationen im Fremdsprachenunterricht 1. Offene Formen und Frühbeginn. 2002.

Band 10 Gerhard Bach / Britta Viebrock (Hrsg.): Die Aneignung fremder Sprachen. Perspektiven – Konzepte – Forschungsprogramm. 2002.

Band 11 Hannelore Küpers / Marc Souchon (Eds.): Appropriation des Langues au Centre de la Recherche. Spracherwerb als Forschungsgegenstand. 2002.

Band 12 Helene Decke-Cornill / Maike Reichart-Wallrabenstein (Hrsg.): Fremdsprachenunterricht in medialen Lernumgebungen. 2002.

Band 35 Christiane Fäcke (Hrsg.): Sprachbegegnung und Sprachkontakt in europäischer Dimension. 2009.

Band 36 Dagmar Abendroth-Timmer / Daniela Elsner / Christiane Lütge / Britta Viebrock (Hrsg.): Handlungsorientierung im Fokus. Impulse und Perspektiven für den Fremdsprachenunterricht im 21. Jahrhundert. 2009.

Band 37 Karin Aguado / Karen Schramm / Helmut Johannes Vollmer (Hrsg.): Fremdsprachliches Handeln beobachten, messen, evaluieren. Neue methodische Ansätze der Kompetenzforschung und der Videographie. 2010.

Band 38 Bernd Tesch: Kompetenzorientierte Lernaufgaben im Fremdsprachenunterricht. Konzeptionelle Grundlagen und eine rekonstruktive Fallstudie zur Unterrrichtspraxis (Französisch). 2010.

Band 39 Maria Giovanna Tassinari: Autonomes Fremdsprachenlernen. Komponenten, Kompetenzen, Strategien. 2010.

Band 40 Daniela Caspari / Lutz Küster (Hrsg.): Wege zu interkultureller Kompetenz. Fremdsprachendidaktische Aspekte der Text- und Medienarbeit. 2010.

Band 41 Dagmar Abendroth-Timmer / Marcus Bär / Bàrbara Roviró / Ursula Vences (Hrsg.): Kompetenzen beim Lernen und Lehren des Spanischen. Empirie und Methodik. 2011.

Band 42 Daniela Elsner / Anja Wildemann (Hrsg./eds.): Sprachen lernen – Sprachen lehren. Language Learning – Language Teaching. Perspektiven für die Lehrerausbildung in Europa. Prospects for Teacher Education across Europe. 2011.

Band 43 Paula Krüger: Sprachlernhabitus und Bedeutungskonstruktion beim Fremdsprachenlernen. 2011.

Band 44 Lena C. Bellingrodt: ePortfolios im Fremdsprachenunterricht. Empirische Studien zur Förderung autonomen Lernens. 2011.

Band 45 Urška Grum: Mündliche Sprachkompetenzen deutschsprachiger Lerner des Englischen. Entwicklung eines Kompetenzmodells zur Leistungsheterogenität. 2012.

Band 46 Susanne Staschen-Dielmann: Narrative Kompetenz im bilingualen Geschichtsunterricht. Didaktische Ansätze zur Förderung der schriftlichen Diskursfähigkeit. 2012.

Band 47 Corinna Koch: Metaphern im Fremdsprachenunterricht: Englisch, Französisch, Spanisch. 2013.

Band 48 Karin Aguado / Lena Heine / Karen Schramm (Hrsg.): Introspektive Verfahren und Qualitative Inhaltsanalyse in der Fremdsprachenforschung. 2013.

Band 49 Anka Bergmann (Hrsg.): Kompetenzorientierung und Schüleraktivierung im Russischunterricht. 2016.

Band 50 Dagmar Abendroth-Timmer / Eva-Maria Hennig (eds.): Plurilingualism and Multiliteracies. International Research on Identity Construction in Language Education. 2014.

Band 51 Daniela Elsner / Britta Viebrock (Hrsg.): Triangulation in der Fremdsprachenforschung. International Research on Identity Construction in Language Education. 2014.

Band 52 Lutz Küster / Christiane Lütge / Katharina Wieland (Hrsg.): Literarisch-ästhetisches Lernen im Fremdsprachenunterricht. Theorie – Empirie – Unterrichtsperspektiven. 2015.

Band 53 Britta Viebrock: Forschungsethik in der Fremdsprachenforschung. Eine systemische Betrachtung. 2015.

Band 54 Mark Bechtel (Hrsg.): Fördern durch Aufgabenorientierung. Bremer Schulbegleitforschung zu Lernaufgaben im Französisch- und Spanischunterricht der Sekundarstufe I. 2015.

Band 55 Bettina Deutsch: Mehrsprachigkeit durch bilingualen Unterricht? Analysen der Sichtweisen aus europäischer Bildungspolitik, Fremdsprachendidaktik und Unterrichtspraxis. 2016.

www.peterlang.com